人民防空教案精编

RENMIN FANGKONG JIAOAN JINGBIAN

济南市人民防空办公室
济 南 市 教 育 局 编

高级中学（中职）篇

山东城市出版传媒集团·济南出版社

图书在版编目(CIP)数据

人民防空教案精编．高级中学（中职）篇 / 济南市人民防空办公室，济南市教育局编．—济南：济南出版社，2020.10

ISBN 978-7-5488-4208-8

Ⅰ．①人…　Ⅱ．①济…　②济…　Ⅲ．①人民防空—国防教育—教案（教育）—中等专业学校　Ⅳ．①G631.8

中国版本图书馆 CIP 数据核字（2020）第 189313 号

出 版 人　崔　刚
责任编辑　范玉峰　董傲囡
封面设计　KINGZN 工作室
插　　画　野作插画工作室

出版发行　济南出版社
地　　址　济南市二环南路 1 号（250002）
印　　刷　沂水沂河印刷有限公司
版　　次　2020 年 10 月第 1 版
印　　次　2020 年 12 月第 1 次印刷
开　　本　210 mm×285 mm　16 开
印　　张　11.5
字　　数　239 千
定　　价　59.00 元

编辑委员会

前 言

习近平总书记指出“人民防空是国之大事，是国家战略，是长期战略。”当前，国际战略格局深刻调整，战争形态加速演变，高科技武器装备广泛应用，以导弹突击、隐身袭击、精确打击、网电攻击等为代表的现代信息化作战样式，以及重大自然灾害、安全生产事故等都给人民群众生命财产带来严重威胁，对人民防空教育工作也提出了新的要求。

为广泛普及人民防空知识，全面提高施教水平，切实增强战时防空和平时防灾能力，有效推动人民防空教育向规范化、信息化、实效化方向发展，济南市人民防空办公室、济南市教育局和中共济南市委党校在认真总结工作经验的基础上，组织编写了《人民防空教案精编》系列教育丛书。

《人民防空教案精编》系列教育丛书遵循长期坚持、循序渐进、全面普及、注重实效的教育原则，针对小学、初级中学、高级中学（含中等职业学校）、高等院校学生和党校学员的年龄层次、知识结构和行为习惯，创新人民防空教育模式，突出分类施教，体现同课异构，运用现代科技手段，整合多媒体教学资源，围绕人民防空的历史沿革、现代战争与人民防空、防空警报、人防工程、“三防”、自救互救、交通安全和火灾、水灾、震灾等课题分类，区分小学、初级中学、高级中学、高等院校和党校，进行了分类汇编。本精编融理论宣讲、常识普及、技能训练和综合演练于一体，为学校精心设计出了从课堂理论教学到操场技能训练，由单一内容学习到多课题综合演练的人民防空教学新模式，将有效提高学校人民防空教育的战备效益和社会效益。

进入新时代，济南市人民防空教育工作者不忘初心，牢记使命，为民情怀历久弥坚。为有效履行战时防空、平时服务、应急支援职能使命，自觉强化政治意识、大局意识、国防意识、责任意识，坚持与时俱进，努力创新求变，深入推进全市人防系统“4356”工作体系建设，不断推进新时代人民防空治理体系和治理能力现代化，让市民学生从人防事业发展中增强获得感、幸福感和安全感。

本书在编写中得到山东省人民防空办公室、山东省教育厅、济南市城乡水务局、济南市卫生健康委员会、济南市应急管理局、济南市地震监测中心、济南市消防救援支队等单位的大力支持，并参阅了相关防空防灾图书资料，在此一并致谢。

由于时间仓促，不当之处，请批评指正。

编　者

2020 年 12 月

目录

综述

人民防空教育的意义

教学分析： 本节课主要通过对人民防空基本知识的系统回顾，进一步明确人民防空教育的意义，增强学生国防观念和人防意识，树立维护国家主权和安全发展的理念。

教学目标： 回顾人民防空的基本知识，增强学生的人民防空意识和国防观念，培养爱国主义情感。

教学重难点： 1. 人民防空的重要性和任务。
2. 人民防空教育的重要意义。

教学方法： 讲授法。

教学准备： 课件、多媒体。

教学时长： 1 课时（45 分钟）

教学过程

一、新课导入（3 分钟）

播放战争空袭图片，并做介绍和说明。

炸弹爆炸场景

原子弹爆炸场景

叙利亚战争

战火中的叙利亚

战后场景

人去楼空的叙利亚战争废墟

师：同学们看到了什么？有什么感想？

生：……

师：战争是残酷的，没有强大的国防，就没有国家的安宁、人民的幸福、经济的发展。人民防空是我国国防的重要组成部分，对于保护国家和人民生命财产安全，具有现实和长远的战略意义。这节课我们来系统地回顾一下人民防空的有关知识。

用 PPT 课件，可补充图片和视频，导入总时间不要超过 5 分钟。

二、人民防空概念及标志（5 分钟）

（一）人民防空概念

人民防空是动员和组织人民群众采取防护措施，防范和减轻空袭危害所采取的行动，简称人防。在平时，人防是一项全民的防灾减灾、国防战备工作；到战时，人防是一种军事性的全民防护行动。

（二）中国人民防空标志

师：中国人民防空标志由文字和图案两部分构成，基本含义是中国人民防空。

“CCAD”是中国人民防空的英文缩写（Chinese Civil Air Defence），图案的金黄色外框为人民防空工程图形，象征人民防空的基本手段、任务和宗旨，即人民防空通过采用工程掩蔽等防护措施，防范和减轻空袭危害及灾害损失，保护人民生命和财产安全。

金黄色长城图形象征中华人民共和国，并寓意人民防空是国防的组成部分，是我国的地下长城。

绿色橄榄枝象征和平与安宁。

蓝色三角图形和橙色背景为日内瓦公约第一附加议定书确定的民防国际通用标志的主体，象征中国人民防空与国际民防接轨。

用 PPT 课件出示图片，先让学生认识中国人民防空标志，观察标志中的颜色和图案，然后由教师讲解标志组成部分的含义。

三、人民防空的重要性（12 分钟）

习近平总书记在接见第七次全国人民防空会议与会代表时指出：人民防空是国之大事，是国家战略，是长期战略。

（一）人民防空是国防的组成部分

人民防空关系到国家的安危、民族的生存和人民生命财产安全，它与要地防空、野战防空一起，构成国家三位一体的防空体系。它是国民经济和社会发展的重要方面，是现代化城市建设的重要内容，是利国利民的社会公益事业。

（二）人民防空是一种战略威慑手段

瑞士600多年无战争，两次世界大战都没有波及瑞士，这除了因为它有全民皆兵和武装中立的基本国策，还得益于该国重视国防建设，建成了世界上最完善的地下掩蔽系统和供全部常住人口使用地下防护工程。有人比喻说：瑞士公民迈出右脚时是一个平民，迈出左脚时是一个战士。正是因为瑞士重视国防教育与建设，才保持了长期和平。

用 PPT 简单介绍瑞士的防空工程。

（三）人民防空是保存战争潜力的有效手段

随着高技术空袭兵器的发展，空袭的破坏效能迅速提高，空袭已成为现代战争的主要手段。人民防空作为国防的重要组成部分，在保存战争潜力方面发挥了重大作用。战争潜力在战时可以根据需要迅速转化为实际战争能力，因此，只有确保战争潜力，才能最终打赢战争。

1. 人民防空能有效地保存国家经济潜力

我国人民防空的重点是城市。城市中的重要交通、通信、电力、水利、仓库等设施是国民经济的支柱，加强人民防空建设，严密组织防护，对于提高这些目标的生存能力将发挥重要作用。高技术空袭虽然难以彻底防范，但通过合理的分散布局，尽可能地地下化，严格的伪装保护，积极组织抢救、抢修等，就可以将空袭损失加以控制，降到最小。

2. 人民防空能有效保存人力资源

人力资源是战争潜力的重要组成部分，是维持战争能力的源泉。在历次战争中，人员受害极大，伤亡惨重。我国人民防空以保护人民群众的生命和财产安全为重要职能，强调通过人民防空教育、培训和演练，提高全民的防空意识和防护技能，注重修建规模合适的防护工程和人口疏散基地，对于未来战争中保存人力资源将发挥巨大作用。

用 PPT 简单介绍英国防空建设在二战中发挥的作用。

（四）人民防空是城市建设的需要

师：城市是人防建设的载体，加强人防建设，能够在满足战时需要的同时，增强抗震抗损毁的能力，减轻各种灾害事故的破坏程度，是建设安全型城市的需要。

济南市的人防工程，现在有的提供给市民纳凉休息和健身，有的开发成了人防商城，有的则是人防车库。

用 PPT 简单介绍济南市的人防工程。

四、人民防空的任务（12 分钟）

用 PPT 课件展示《中华人民共和国人民防空法》第二条、第八条。

人民防空的任务是由法律法规规定的。人民防空的根本任务是动员和组织人民群众采取防护措施，与敌人的空中袭击作斗争，保护人民生命财产安全，避免或减少国民经济损失，保存战争潜力。人民防空所履行的“战时防空、平时服务、应急支援”职能使命，就是要铸就坚不可摧的护民之盾。

师：人民防空有哪些主要任务？平时我们该做些什么？战时又该怎么去做？

生：……

师：人民防空的任务分和平时期和战争时期两部分。

（一）人民防空和平时期的主要任务

1. 开展人民防空教育，使公民增强国防观念和人防意识，掌握人防知识和技能；熟悉人防法规，依法履行人防义务；

2. 建设和维护人防工程，提高防灾抗灾能力，保护人民生命财产安全；

3. 建立指挥通信系统，建设统一、覆盖面广的人民防空指挥通信和警报网；

4. 制定防空袭方案、人口疏散计划和各项保障计划，增强平时人防建设的针对性，减少盲目性；

5. 组建培训人防专业队伍，根据防空抢险抢救需要，培训人防技术骨干。人防专业队伍有抢险抢修队、医疗救护队、消防队、治安队、防化防疫队、通信队、运输队等。根据形势的发展和防空斗争需要，在上述七支传统专业队伍的基础上，现在又增加了心理防护队、信息防护队、伪装设障队等人防专业队伍。

6. 对自然灾害以及重大事故进行预防和救援。

（二）人民防空战争时期的主要任务

战时人民防空的主要任务包含适时发放防空警报、组织指导对重要经济目标实施防护、组织群众疏散隐蔽和组织消除空袭后果等，最大限度地减少人员伤亡和财产损失，保存战争潜力。可概括为“警、走、藏、消”。

师：这部分内容我们之前已经学习过，在此，重点回顾一下防空警报信号的分类。请哪位同学来回答？

生：……

师：防空警报分为预先警报、空袭警报、解除警报。

预先警报：鸣 36 秒，停 24 秒，反复 3 次为一个周期，时间为 3 分钟。

空袭警报：鸣 6 秒，停 6 秒，反复 15 次为一个周期，时间为 3 分钟。

解除警报：连续长鸣，时间为 3 分钟。

师：为纪念“五三惨案”，警示世人警钟长鸣、勿忘国耻，同时检验防空警报器的技术状态，每年的 5 月 3 日上午，济南市都会举行防空警报试鸣活动。

用 PPT 课件向学生讲解 1928 年发生在济南的“五三惨案”。

五、人民防空教育的意义（10 分钟）

用 PPT 课件出示《中华人民共和国人民防空法》第四十五条、第四十六条；山东省实施《中华人民共和国人民防空法》办法第三十五条、第三十六条。

师：人民防空教育是由法律法规规定的。

人民防空教育是对国家机关、社会团体、学校、企事业单位人员以及城乡居民进行的预防、应对空袭和突发公共事件的常识、技能教育。其目的是使全体民众提高防空袭和防灾应急意识，增强国防观念和人防意识，掌握人防知识和自救互救技能，熟悉有关法规，依法履行义务，提高在战争或应急状态下的自我保护、自救互救的能力。

（一）人民防空教育是扎实的爱国主义教育

我国现在仍然面临着各种潜在的战争威胁。霸权主义利用经济打压、领土争端、民族矛盾等，大肆挑衅、挑唆，妄图破坏祖国的发展。人民防空教育的目的就是提高人民在和平时期的警惕意识，增强国防观念。通过人民防空教育，可以使广大民众关心人防建设，增进全民团结，激发全民斗志，增强爱国主义意识。

（二）人民防空教育有利于形成城市的整体防护能力

人民防空是广大民众有组织的自觉行动，人民防空的各项准备工作要通过广大民众积极参与才能实现。通过人民防空教育，能迅速动员全体民众参与进来，有利于形成整体的防护能力，实现防空的目的。

（三）人民防空技能在平时防灾减灾中直接发挥作用

战争灾害的毁伤效应和自然灾害突发性危害有相似之处，比如常规炸弹爆炸与地震、核爆炸辐射效应和火灾危害、放射性污染和核泄漏事故、生物武器和传染病流行、化学武器和有毒物质泄露等等。所以，通过人民防空技能的学习、培训和演练，在面临自然灾害时，能有效地保护生命安全，减少财产损失。

（四）人民防空教育有利于国民素质的全面提高

人民防空教育涉及的知识面广、特点突出，学习的防护生存技能实用性强，既有利于居民增长知识，又有利于居民锻炼技能，提高实践能力，增强广大民众的防空意识和防灾减灾意识，能促进民众整体素质的全面提高。

（五）有利于提高战时心理素质

高技术空袭一旦发生，大量建筑物被毁，居民生活环境恶化，生命财产受到严重威胁，极易引起心理恐慌和行动失措，动摇民心士气。对此，只有通过平时的人民防空教育和演练，战时广泛深入的人民防空动员以及切实有效的人民防空措施，才能使广大群众做好心理准备，增强防护信心，做到临战不惧、临危不乱，始终保持旺盛斗志，树立必胜的信心。

六、总结（3 分钟）

人民防空教育的目的十分明确，教育意义十分深远。天下兴亡，匹夫有责。青少年是祖国的未来，是民族的希望，保护和建设好我们自己的家园，抵御外来的威胁和挑战，是我们义不容辞的责任。国家国防力量的强大，是对外来威胁和挑战的战略威慑，“不战而屈人之兵”，国家才能安心进行经济建设，人民才能安居乐业。

同学们，“凡事预则立，不预则废。”让我们通过对人民防空知识的学习，更加深入地了解和掌握人民防空的知识和技能，增强忧患意识和爱国热情，为更好地实现中华民族伟大复兴贡献自己的力量。

课堂练习

一、填空题

1. 人民防空是（　　）的重要组成部分。

正确答案：国防

2. 我国人民防空的重点是（　　）。

正确答案：城市

3. 人民防空通过采用工程掩蔽等防护措施，防范和减轻空袭危害及灾害损失，保护人民（　　）安全。

正确答案：生命财产

4. 人民防空战时的主要任务概括为“（　　）”。

正确答案：警、走、藏、消

5. 防空袭警报信号分为（　　）、（　　）、（　　）三种。

正确答案：预先警报　空袭警报　解除警报

6. 习近平总书记指出，人民防空是国之大事，是（　　）战略，是（　　）战略。

正确答案：国家　　长期

7. 人民防空与（　　）防空、（　　）防空一起，构成国家三位一体的防空体系。

正确答案：要地　　野战

8. 一切组织和个人都有得到人民防空保护的（　　），都必须依法履行人民防空的（　　）。

正确答案：权利　　义务

9. 人民防空的职能使命是（　　）、（　　）、（　　）。

正确答案：战时防空　平时服务　应急支援

二、判断题

1. 人民防空是动员和组织人民群众采取防护措施，防范和减轻空袭危害所采取的行动。（　　）

正确答案：正确

2. 人民防空作为国防的重要组成部分，是现代城市建设的重要内容，是一项全民的社会公益事业。（　　）

正确答案：正确

3. 人防工程只是用于掩蔽人员的防护建筑。（　　）

正确答案：错误

4. 人民防空的任务分和平时期和战争时期两部分。（　　）

正确答案：正确

知识拓展

瑞士的民防建设

一、瑞士民防人员的组织和训练

瑞士全国有30余万人从事民防工作，实行标准军事化管理。瑞士服民防役的基本要求与服兵役的要求大体相同。《联邦民防法》规定，所有身体合格，依法可免除服兵役的男性公民必须从20岁至52岁服民防役，所有退出兵役的公民转入民防役至52岁。联邦委员会根据实际需要可决定将服民防役的期限延长为17—60岁。女公民可自愿服民防役。所有服民防役的人员与服兵役的人员一样要参加初训和定期的复训。

二、瑞士民防工程设施

瑞士的《联邦民防建筑法》和联邦政府关于民防建筑的政府令对各种民防设施的建筑均做出了明确规定：任何单位和个人在进行建筑时，首先必须按规定的标准设计相应的地下掩体建筑，并自己承担建筑费用。各州和市（镇）民防机构均应按规定负责修建公共地下民防工事，作为本级政府辖区的民防地下指挥所和所需民防装备的储藏所。一旦需要，可从地下指挥所发出警报，所有民防系统人员到这里领取装备和物资。通常情况下，每个市（镇）的地下民防总指挥部建在市（镇）政府办公室的下面，另外还根据市（镇）的规模在不同街区建有若干个公共地下民防设施。经过几十年的不懈努力，目前在瑞士全国已建成的各种规模地下掩体可供全部常住人口使用，人均“三防”掩体的面积达5平方米。地下掩体中有各种生活必需的基本设施，贮存可供全民生存10天以上的物资并按规定期限更新。

三、瑞士通信警报系统

瑞士民防警报系统分为联邦和州两级。全国防空和民防警报中心设在苏黎世。一旦发生重大突发情况，首先中断所有电视和广播的正常节目，专门播放警报，向人民通报在何时何地发生了何种性质和规模的事件，动员民防人员迅速到指定的岗位待命，通知全体人民转入民防工事或采取必要的保护措施。同时启动固定警报系统发出警报。在固定警报系统失灵的情况下启用机动警报系统。全国共有4250个固定警报装置。每年都要在固定的时间进行一次测试性启用。

四、瑞士公民民防教育

瑞士联邦政府把提高全民的民防意识和普及民防常识作为政府和各级民防组织的一项经常性的重要任务。民防教育已成为全民国防教育的重要组成部分及主要内容之一，并把内容选编进中、小学教科书中。为广泛宣传民防，联邦和各州民防局在民防机关、训练中心，大到装备车辆、器材，小到铅笔、尺子、圆珠笔上都印上或贴上民防标志。联邦民防局编发的《民防手册》从小学生到养老院的老人人手一册，做到家喻户晓。

绝大多数瑞士人踊跃参加民防各项活动。自愿到民防部队服役，积极主动为修建民防设施出资和按规定储备并定期更换地下食品，已成为瑞士公民的自觉行动。居民每年都至少进行一次有组织的或自发的“地下生活”体验。瑞士建立了全国民防警报试鸣日，规定每年二月的第一个星期一，全国统一进行试鸣。

（本篇作者　李会军）

现代战争与人民防空

教学分析： 当今世界，新技术革命飞速发展，对现代战争产生了深刻影响，高新技术在军事领域的广泛应用给国际和平带来严重威胁。居安思危，有备无患。了解现代战争特点，掌握人民防空知识技能，增强国防观念和人防意识，是本课的重点。

教学目标： 1. 了解高新科技在军事领域的运用以及对国际和平的影响。

2. 了解人民防空在现代战争中的地位和作用，牢固掌握人防基础知识和技能。

教学重难点： 在应对战争和平时灾害等紧急状况时能够学以致用。

教学方法： 课堂互动教学法、小组合作学习法、情景演练法、展示法。

教学准备： 视频、图片。

教学时长： 1 课时（45 分钟）

教学过程

一、新课导入（5 分钟）

教学提示

通过播放视频、图片引起学生注意，让学生直观地感受现代战争的巨大威力和伤害力，使学生充分了解掌握空袭和防空知识的必要性。

师：同学们，我们一起来看一段视频，请大家认真看，仔细听。（播放美国空袭叙利亚视频、图片）

师：同学们，你们看到了什么？又听到了什么呢？有什么感受想要和我分享吗？

生：……

小结：这个视频是央视对 2018 年 4 月 14 日空袭叙利亚的新闻报道。在这场空袭中，美国对叙利亚投下了超过 100 枚导弹。隔着电视屏幕我们都可以感受到弥漫的战火硝烟和空袭对叙利亚造成的伤害，那么这些和我们今天的课堂有着怎样的关系呢？空袭，尤其是远程空中打击是现代战争中最常用的手段，破坏力极强，而抵御空袭是人民防空的重要工作之一。现代战争和人民防空，是我们今天要了解和学习的内容。

二、了解现代战争（15 分钟）

了解现代战争的含义至关重要。学生能了解现代战争的含义，从中了解现代战争的许多特点，并了解其巨大的伤害力，从而意识到人防事业的重要性，也能够真正地重视战争，珍惜当下的和平。

（一）了解现代战争的含义

1. 下面就让我们真正走近“现代战争”，去了解它的正确含义。

现代战争，是指在核武器以及其他现代化高科技武器的威胁下的以高技术的现代化作战工具或武器为主进行的现代化常规战争。世界新技术革命不断发展，使得战争水平发生了质的飞跃。

2. 高新技术是如何改变现代战争的，它对现代战争的影响体现在哪些方面？

高新技术具有许多特殊而强大的力量，它们在战争领域的广泛深入使用，会给世界上各个国家的军事带来武器系统、军队结构、战争方法、指挥手段及战争样式等各个方面在内的革命性变化。

利用高新技术，人们可以改造旧武器，使之发挥新作用，也可以创造新武器进行军事对抗，还可以改变作战方法等。

（二）细数现代战争

1. 现代战争具有哪些特点呢？

各类高新技术在军事上的应用，使得现代战争出现了许多新的特点。现代战争具有多变性（反应快速）、广延性（战场界线模糊）、破坏性（火力强、破坏大）、立体性（海、陆、空可同时或交错进行）等特点。

北约野蛮轰炸南斯拉夫78天

2. 现代战争案例列举——科索沃战争

从1999年3月24日至1999年6月10日的科索沃战争，是一场由科索沃的民族矛盾直接引发，在以美国为首的北约推动下的一场重要的高技术局部战争。

科索沃战争以大规模空袭为作战方式，以美国为首的北约凭借占绝对优势的空中力量和高技术武器，对南斯拉夫联盟的军事目标和基础设施进行了连续78天的轰炸，共造成1800人死亡，6000人受伤，12条铁路被毁，50架桥梁被炸，20所医院被毁，40%油库和30%的广播电视台受到破坏，经济损失达2000亿美元。可见，现代战争尤其是空袭对经济和社会的伤害之惨重，这也是我们高度重视发展人民防空事业的原因之一。

三、了解人民防空（10分钟）

教学提示

通过讲述我国人民防空事业的发展历程，让学生了解人防事业的发展史，了解人防与现代战争的关系，从而理解人民防空在现代战争中发挥的重要作用。

（一）我国人民防空的发展

1. 中国人民防空工程建设起步于20世纪50年代的抗美援朝时期，为防备美军的空袭，在东北地区建设了防空地下干道，而大规模的人防工程建设则始于20世纪60年代末。

2. 改革开放初期，以前修建的防空洞大部分被废弃了，少数质量好、标准高的防空工程被改造成地下商场或仓库。但修建人防工程的传统被继承下来，并以文件和法规的形式贯彻到基本建设当中。

3. 现在的人民防空事业，受到国家和社会的高度重视。人民防空事业，平战结合向前发展，为维护经济和社会的发展不断做出新的贡献。

人防工程

人防工程

人防工程标志

地铁

（二）人民防空与现代战争的关系

1. 人民防空是保存战争潜力的强有力措施

同学们应该已经了解了一些关于人民防空的基本知识，那么，人民防空事业在现代战争中发挥的作用，以及这两者之间的关系，大家知道多少呢？今天我们一起来学习一下。

现代战争一旦发动，必然耗费大量的人力、物力和财力，同时会产生巨大的破坏力。而在战争中取胜的一个重要因素就是要有效地保存自身的战争潜力，从而能够持久抗敌，并获取胜利。人民防空的各项工程设施，能够帮助我们最大限度地保存人力和物力。因此，发展人民防空事业是保存战争潜力的有力措施。

2. 学生分组讨论，交流人防在现代战争中的作用，小组代表分享组内讨论结果，老师进行针对性点评。

四、人民防空应对现代战争案例讲解（10 分钟）

教学提示

通过向学生讲解人民防空工程在现代战争（尤其是空袭战争）中所起到的保护、防御作用，让学生们了解人民防空的重要作用，以及对国防建设具有的重要意义，从而呼吁学生们关注人民防空事业的发展。

1. 海湾战争中，伊拉克的地面军事设施几乎完全被摧毁，但其地下战争指挥系统完好无损，超过半数的重要军事装备由于藏匿在地下而得到了保存。

海湾战争空袭图

海湾战争地面作战

2. 科索沃战争中，南联盟利用修筑的地下工程和民防设施较好地保存了实力，北约对其有效打击率仅为 15%—20%。

近几十年发生的现代化局部战争充分说明，人防工程对减少平民生命牺牲、财产损失和增强国家的抗毁伤能力具有重要的作用。

五、课后延伸（5 分钟）

引导学生课后搜集资料，进一步加深对现代战争破坏力的了解；从中分析人防工程在现代战争中的重要地位和作用。

师：同学们，下课后借助网络、图书或者文献等资料，了解一些较为典型的现代战争，尤其是以空袭为主要打击方式的现代战争，看看在这些战争里，人民防空发挥了怎样的作用，对于社会、国家有着怎样的重要意义。

课堂练习

一、选择题

1. 现代战争，是指在（　　）威胁下的以高技术兵器为主的常规战争。

正确答案：A

A. 核武器　　B. 高新技术　　C. 原子弹　　D. 互联网

2. 现代战争具有（　　）等特点。

A. 多变性　　B. 广延性　　C. 破坏性　　D. 立体性

正确答案：ABCD

3. 我国人防工程建设起步于（　　）。

A. 20 世纪 30 年代　　B. 20 世纪 50 年代

C. 20 世纪 70 年代　　D. 20 世纪 80 年代

正确答案：B

二、简答题

1. 论人民防空在现代战争中的作用。

知识拓展

现代战争中人防工程还有用吗?

未来战争是信息化条件下的局部战争，空袭的主要手段将是信息化条件下的常规武器袭击。

我国现行规定的人防工程防护标准，是以抵抗核武器冲击波地面超压为分级的基本指标，同时也具有对常规武器空袭的防护要求。人防工程划分防护单元和抗爆单元能减少毁伤的范围，从而能大大降低战争的危害程度，能有效提高结建防空地下室内人员的生存概率。因此，人防工程具有相当的安全程度。

从广义上讲，一切地下建筑物都具有不同程度的抗常规武器爆炸的能力，结建防空地下室也不例外。在非直接命中的条件下，即使是抗力等级最低的防空地下室工程，也能有效抵抗冲击波和弹壳碎片的冲击，能够承受飞散的建筑材料碎片产生的荷载，保障位于防空地下室内人员的安全。

防空地下室具有良好的防爆防火功能。一般情况下，对空袭后地面上发生的次生灾害包括城市大火、化学品爆炸、地面建筑物倒塌、空气污染、有毒有害物质的扩散和断水断电等，均有相应的防护措施。防空地下室的隔离通风和滤毒通风系统能阻止空袭产生的有毒、有害的核、化、生物质进入人防工程，从而保障工程内人员的安全。

《司马法》曰："国虽大，好战必亡；天下虽安，忘战必危。"古之先贤提醒人们任何时候都要保持高度警惕的意识，做到居安思危。人防工程作为一种平时应急、战时应战的特殊工程，在建设过程中更应注意符合相关要求，确保质量，要为了国家和人民的安全而建设，这对于济南市人防人来说是一种光荣的使命，故我们须严于律己、精益求精，时刻准备着！

（本篇作者　高　峰）

空袭与人民防空教育

教学分析： 空袭作为现代战争的主要作战样式，具有突然性和破坏性；政府动员和组织人民群众防备敌人空中袭击、消除空袭后果采取的措施和行动，是人民防空与现代国防的重要组成部分，具有重要的战略作用。

教学目标： 1. 了解人民防空的基本含义、任务，以及学校开展人民防空教育的意义。

2. 了解现代战争的基本特点，提升人民防空知识与技能，培养学生的爱国主义情感，增强国防观念和人防意识。

教学重难点： 防空警报识别和防空袭疏散的组织。

教学方法： 讲授法、讨论法、练习法。

教学准备： 学生收集人民防空资料：战争武器图片、防空警报资料、人防标志，并剪辑介绍空袭和武器的视频。

教学时长： 1 课时（45 分钟）

教学过程

一、新课导入（5 分钟）

（课件展示空袭案例）

师：1937 年 8 月，日军飞机连续对上海南京路等闹市区、火车站、工厂、医院、学校等民用目标进行了疯狂轰炸；1938—1943 年，日本海军航空部队联合对重庆展开“航空进攻作战”，进行了为期 5 年半的“重庆大轰炸”。下面，我们来观看一段视频：

（播放视频：美国世贸大厦被袭击及现场救护视频）

设计意图

通过观看视频，使学生对空袭的认识有一个直观感受，激发学生对人民防空知识的学习兴趣。

天下虽安，忘战必危。当今社会，做好人民防空至关重要。

二、人民防空的基本含义、任务及人民防空教育的意义（15分钟）

教师活动：组织学生以小组为单位展示成果资料，其他组补充评价。

学生活动：用图片或文字形式展示课前收集的资料，包括战争武器图片（核武器、生物武器、化学武器），人防标志等。

设计意图

加强对人民防空基本知识的掌握，同时培养学生收集资料、归纳总结以及合作探究的能力。

师：从刚才展示的资料来看，同学们课前准备得非常充分，也反映出同学们对人民防空的热爱。接下来，我们来了解一组关于人民防空的概念和常识。

（一）人民防空的基本含义

人民防空，是指动员和组织人民群众防备敌人空中袭击，消除空袭后果所采取的行动，简称人防。国外多把民众参与实施的战时防空与平时救灾相结合，称为民防。

（二）人民防空的标志

师：哪位同学能回答一下人防标志的含义？

生：……

师：中国人民防空标志由文字和图案两部分构成，基本含义是中国人民防空。

“CCAD”是中国人民防空的英文缩写（Chinese Civil Air Defence），图案的金黄色外框为人民防空工程图形，象征人民防空的基本手段、任务和宗旨，即人民防空通过采用工程掩蔽等防护措施，防范和减轻空袭危害及灾害损失，保护人民生命和财产安全。

金黄色长城图形象征中华人民共和国，并寓意人民防空是国防的组成部分，是我国的地下长城。

绿色橄榄枝象征和平与安宁。

蓝色三角图形和橙色背景为《日内瓦公约第一附加议定书》确定的民防国际通用标志的主体，象征中国人民防空与国际民防接轨。

（三）人民防空的基本任务

人民防空的基本任务是组织动员人民群众，采取保护措施，保护广大人民生命财产安全，避免经济损失，保存战争潜力。

（四）人民防空教育的意义

开展人防教育，有利于形成和提高城市人防的整体防护能力，有利于人民防空技能在平时灾害事故中直接发挥作用，有利于同学们素质的全面提高。

三、战争武器（10 分钟）

师：随着科技的迅猛发展，门类繁多的武器装备不断投入战场。今天，我们再来回顾一下初中时期所学的“三防”知识。有哪位同学能说出“三防”中的三类武器都是什么？

生：……

师：这三类武器是核武器、化学武器和生物武器。这三类武器备受人民防空关注，人民防空有与之对应的“三防”概念。我们先来回顾一下这三类武器的概念。

（一）核武器

核武器是利用核反应瞬间释放出巨大能量起杀伤破坏作用的武器。原子弹、氢弹、中子弹统称为核武器。核武器的杀伤破坏因素多、程度重、范围广、时间长。

（二）化学武器

化学武器是通过各种方式释放有毒化学品或化学战剂。化学武器通过包括窒息、神经损伤、血液中毒等反应杀伤人类。

（三）生物武器

生物武器是以生物战剂杀伤有生力量和破坏植物生长的各种武器、器材的总称。生物战剂包括立克次氏体、病毒、毒素、衣原体、真菌等。

四、空袭的防护措施（13 分钟）

师：战时，敌方将要或正在对我方实施空袭时，我们应该如何应对呢？现在，就让我们按照空袭前、空袭中和空袭后三个时段，来分别了解一下有关的防护行动。

（一）防空警报及其响应

师：建立统一高效的组织指挥体系、布局合理的防护工程体系、灵敏可靠的通信警报体系、精干过硬的专业队伍体系、保障有力的人口疏散体系是人民防空建设的总目标。为有效应对敌方可能对我方发动的空袭，在人民防空建设中有专门的人防警报通信系统，能够及时引导居民开展防护行动。

现在，我来播放几种防空警报信号，请同学们进行辨识。

师：播放防空警报音响片断（预先警报、空袭警报、解除警报）。

生：辨别防空警报，并积极回答。

让学生掌握三种防空警报信号的鸣响特点。

师：刚才，我播放了三种防空警报信号，现在我们逐一来了解一下。

1. 预先警报

它是在敌方对我方有攻击预兆时发放的。提醒人们做好防空袭的各项准备工作，要求人员进行疏散隐蔽。鸣响方式：鸣 36 秒，停 24 秒，反复 3 遍为一个周期，时间 3 分钟。

2. 空袭警报

空袭警报是在敌方空袭兵器已经临近城市上空，空袭行动即将或已经开始时发放。鸣响方式：鸣 6 秒，停 6 秒，反复 15 遍为一个周期，时间 3 分钟。

3. 解除警报

解除警报是在空袭解除或战情暂时缓解时发放一种防空警报信号。鸣响方式：长鸣 3 分钟。

（二）防空袭疏散

教师活动：带领学生来到事先准备好的场地，进行防空袭疏散演练。

学生活动：听教师讲解动作要领，并仔细观察动作示范，完成动作练习。

设计意图

学以致用，学习防空袭疏散技能，提高自我保护和自救互救能力。

熟知人防工程位置和路线，服从工作人员指挥，快速有序地进入人防工程。

教师总结：同学们，天下兴亡，匹夫有责。你们是祖国的未来，保卫和建设我们伟大的祖国，是我们义不容辞的责任。希望同学们能够懂得更多防空知识，将来更好地为我们的祖国服务。

五、全班齐唱《中华人民共和国国歌》（2 分钟）

弘扬爱国主义精神，增强学生的国防观念和人防意识。

课堂练习

一、选择题

1. 在校学生的人民防空教育，由（　　）和人民防空主管部门组织实施。

A. 各学校　　　B. 学校所在社区　　　C. 各级教育主管部门

正确答案：C

2. （　　）是国际民防组织确定的“国际民防日”。

A. 3 月 15 日　　　B. 5 月 1 日　　　C. 3 月 1 日　　　D. 5 月 12 日

正确答案：C

3. 中国人民防空标志由文字和图案组成，图案由金黄色外框、金黄色长城、绿色橄榄枝、蓝色三角图形和橙色背景组成，文字（　　）是中国人民防空的英文缩写。

A. CACD　　　B. CCDA　　　C. CCAD

正确答案：C

4. 人民防空的作用是防范和减轻空袭危害，保护（　　）的安全，避免和减少国民经济损失，保存战争潜力。

A. 国家财产　　　B. 人民生命　　　C. 人民生命财产

正确答案：C

5. 国家保护人民防空设施不受侵害，禁止任何（　　）破坏、侵占人民防空设施。

A. 组织或个人　　B. 全体公民　　C. 建设单位　　D. 城市居民

正确答案：A

二、简答题

人民防空在现代战争中的地位和作用是什么？

知识拓展

创伤止血

人体的血液有一定的路线，要准确地止血，就必须掌握主要动脉的压迫点。常用的止血方法主要有以下几种：

1. 加压包扎止血法。用急救包或消毒纱布、棉花、布类做成垫子盖住伤口，再用绷带或三角巾紧紧包扎。此方法多用于静脉、毛细血管或小动脉出血。

2. 指压止血法。用手指或手掌压迫伤口近心端的动脉，阻断血流而达到临时止血目的。多用于头、颈部及四肢的动脉出血。头顶部出血时，在耳前对准下颌关节上方，指压颞浅动脉。颜面部出血时，用食指（或拇指）压迫同侧下颌骨下缘、下颌角前方约 3 厘米处的面动脉。头颈部出血，用拇指或其他四指压迫同侧胸锁乳突肌之间的颈总动脉，绝对禁止同时压迫两侧。肩胛部出血，用拇指压迫同侧锁骨上窝中部的锁骨下动脉。前臂与上臂出血，用拇指并其他四指压迫上臂内侧沟处的肱动脉。手部出血，用大拇指分别压迫手腕横纹稍外的尺、桡动脉。下肢出血时，大腿及其以下出血，自救时，可用双手拇指重叠用力压迫大腿上端腹股沟稍下方的股动脉；互救时，可用手掌压迫，另一手压在其上。足部出血时，用两手指或拇指压迫足背中部近脚腕处的足背动脉和足跟内侧与内踝之间的胫后动脉。

3. 止血带止血法。用于四肢大出血，主要采用勒紧止血法。止血时，先在出血伤口近端动脉上放一块布料或纸卷做的垫子，然后用三角巾叠成带状；或用手帕等就便材料绕肢体 1—2 圈勒紧打成一个活结；或用笔杆、小木棒插入其中，一提二绞三固定。

使用此法止血时要注意：止血带与皮肤之间要加垫；止血带每隔 1 小时（冬季 30 分钟）松开一次，时间 2—3 分钟，以改善血液循环。

（本篇作者　李　迎）

防空警报

了解防空警报

教 学 分 析： 防空警报是人民防空体系的重要组成部分，战时用于空情预警报知，平时用于灾情预报和突发事件的紧急报知，是实施防空袭斗争和防灾救灾的重要保障。作为高中生，了解并掌握防空警报的相关知识，根据警报信号采取相应的防护措施，对于保护个人生命财产安全、提升人防意识、增强国防观念，具有重要的现实意义。

教 学 目 标： 1. 熟练掌握警报信号规定。

2. 根据警报信号不同，能采取相应的防护措施。

3. 初步了解防空警报网，能认识各种警报设备，爱护人防设施。

教学重难点： 1. 警报信号与其防护措施的对应关系。

2. 准确辨别人防设备、设施，积极履行保护义务。

教 学 方 法： 讲授法、讨论法、练习法。

教 学 准 备： 课件、音频资料、图片资料等。

教 学 时 长： 1 课时（45 分钟）

教学过程

一、新课导入（5 分钟）

（一）播放音频（任选一种防空警报音频片断）

师：同学们说一下这是什么声音？（引出主题——防空警报）

生：……

师：有的同学回答正确，这是防空警报的声音。那么，防空警报有什么作用呢？

（二）防空警报的作用

防空警报是人民防空的重要组成部分，战时用于空情预警报知，平时用于灾情预报和突发事件的紧急报知。防空警报对于保护人民生命财产安全，保存战争潜力，夺取防空袭斗争主动权，具有

十分重要的意义。

教学提示

引导学生充分认识到防空警报的重要作用。

师：同学们，现在我们了解了防空警报的重要性，那么警报信号是怎么规定的？一共有几种警报信号？每种信号有什么区别？

二、警报信号和防护措施（15 分钟）

师：警报信号分为防空警报和灾情警报。防空警报分为预先警报、空袭警报、解除警报三种。

师：有没有同学了解警报信号？

生：……

师：下面我们一起学习一下警报信号以及相应的防护措施。

（一）预先警报

1. 信号规定

鸣 36 秒、停 24 秒，反复 3 遍为一个周期，时间 3 分钟。用途是在敌方对我方有攻击预兆时发放，要求人员开始疏散。

2. 防护措施

听到预先警报信号后，要携带预先准备好的应急包，实施紧急疏散，或进入人防工程掩蔽。离家前家庭成员要分工行动，密封包装食品、贮存饮水并盖严，帮助老幼病残，切断电源，关闭煤火、门窗等。

预先警报

（播放预先警报信号片断，让学生练习辨别）

（二）空袭警报

1. 信号规定

鸣 6 秒、停 6 秒，反复 15 遍为一个周期，时间 3 分钟。用途是在敌方对我方将要或正在攻击时发放。

2. 防护措施

听到空袭警报信号后，应关闭防护工程密闭门，人员不准离开人防工程。来不及进入人防工程的人员，要离开房屋，佩戴个人防护器材，就近隐蔽疏散。居民在任何情况下都要保持镇静和谨慎，因为匆忙、惊慌、反应错误都会使危险性增加。

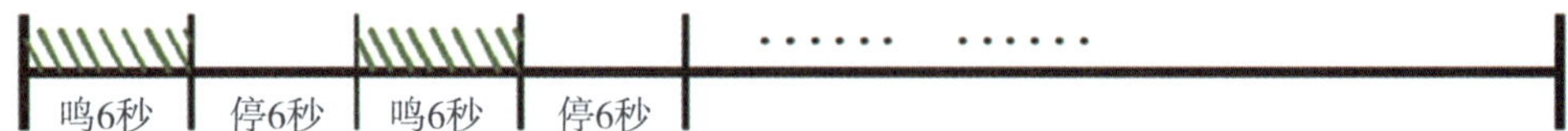

空袭警报

（播放空袭警报信号片断，让学生练习辨别）

（三）解除警报

1. 信号规定

连续鸣响 3 分钟。用途是在空袭解除或战情暂时缓解时发放。

2. 防护措施

听到解除警报信号后，市民应配合人防专业队开展消除空袭后果的抢救抢修工作，如就近救护伤员、找寻被困人员、扑灭初起火灾，协助维持治安、堵漏、消除潜在危险、恢复通信等。要注意收听广播，了解解除警报后人员行动的注意事项，以便有效地做好再次防空袭行动的准备。

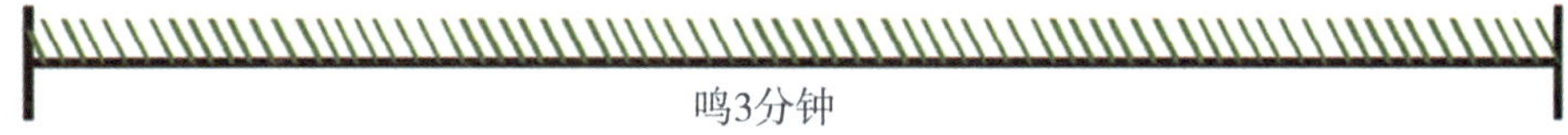

解除警报

（播放解除警报信号片断，让学生练习辨别）

师：上述三种防空警报信号是由国家规定的，全国一致。除此之外，还有用于灾情预警报知的灾情警报。

（四）灾情警报

灾情警报的规定各地有差异，山东省人民防空办公室规定山东省的灾警信号为：鸣 15 秒、停 10 秒，再鸣 5 秒、停 10 秒，反复 3 遍为一个周期，时间 2 分钟。

根据《济南市防汛应急预案》规定，当发布红色汛情预警时，根据市防汛抗旱指挥部的命令，利用防空警报向市民发放防灾预警警报（灾情警报）。

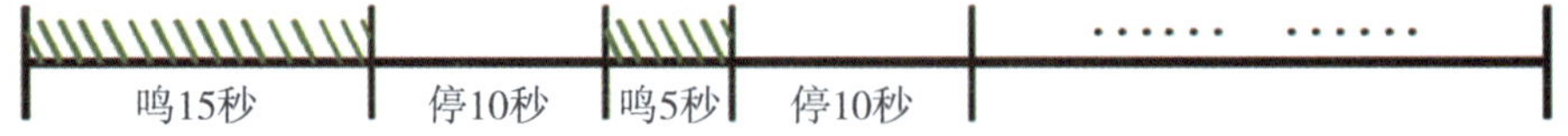

灾情警报

（播放灾情警报信号片断，让学生练习辨别）

三、防空警报器（15 分钟）

（一）防空警报器的种类

师：同学们见过防空警报器吗？

生：……

师：有些同学比较善于观察生活，见到过防空警报器。现在我们一起来了解一下防空警报器的分类。

目前，防空警报器主要分为两大类：电动警报器和电声警报器。

电动警报器由电动机、动轮、定轮、音窗等组成。电动机带动动轮旋转，使动轮和定轮之间相对位置发生急剧变化，通过音窗挤出气流，产生警报音响。

电声警报器由功放、扬声器、支架等组成。将警报信号录制在芯片上，通过功放送至大功率扬声器发出警报音响。电声警报器包括固定电声警报器（通常称为“电声警报器”）、多媒体警报器、移动警报系统、车载警报器、便携式电声警报器等。

多媒体警报器是将电声警报器和多媒体大屏融合在一起，可以播放音频、文字、图像、视频等，既可以用于警报鸣放，又可以用于人防宣传教育。

移动警报系统是相对完整独立的警报系统，既兼容现有的警报控制系统，又可以机动、独立使用，弥补了固定警报点的音响覆盖盲区。主要包括供电系统、视频监控系统、传输系统、控制系统、照明系统等。

车载警报器是安装于车辆顶部的中小功率警报器，与警灯集成在一起。车载警报器比移动警报系统的机动性更强，可以解决小范围的音响覆盖。

便携式电声警报器功率更小（50 瓦左右），便于携带，适用于针对某一栋楼或部分楼层的音响覆盖，适合社区防空袭演练等场景。

电动警报器

电声警报器

多媒体警报器

移动警报系统

车载警报器

便携式电声警报器

师：同学们了解了防空警报器的分类，那么，警报发放的流程是什么？下面我们来简单了解一下。

（二）防空警报网

《中华人民共和国人民防空法》第十一条规定："城市是人民防空的重点。"每个城市都有一张基本覆盖全市建成区的防空警报网，以保证音响覆盖率。防空警报网由发射台、管理计算机和软件、中继站、警报终端等组成。警报信号的发放过程为：操控人员在计算机管理软件界面发放指令，通过发射台发送至中继站，然后由中继站转发至各警报终端的警报控制器，由警报控制器控制警报器发出警报（注：也有将控制器和警报器主机集成在一起的电声警报一体机）。

通常情况下警报是通过超短波无线电传输信号的，随着无线传输领域的不断创新，现在已经有通过北斗卫星进行警报信号传输的系统了。

每个城市的防空警报器数量不等，少则数百，多则上千。如果注意观察，就能发现我们身边的警报器。（请部分同学说一说分别在什么地方见过）

师：警报设施对我们如此重要，那我们应当如何保护它们呢？

四、保护措施（7 分钟）

（一）保护警报频率

《中华人民共和国人民防空法》第三十二条规定：“国家用于人民防空通信的专用频率和防空警报音响信号，任何组织或者个人不得占用、混同。”警报信号所占用频段为专用频段。每一位公民尤其是无线电爱好者，应自觉避开警报信号频段，避免对防空警报造成干扰。

（二）保护警报音响

警报音响具有独特性，任何单位和个人不得发布警报音响或类似的警报音响信号，以免对广大市民的工作和生活造成影响。

（三）保护警报设施

《济南市人民政府关于加强防空警报设施管理工作的通告》中规定：“警报设施所在单位发现影响警报设施正常使用的情形，应采取必要的保护措施并及时报告人民防空主管部门。”警报设施除了在建筑物顶部的部分，还有位于建筑物内部的控制器和警报器主机。“保护人防设施，人人有责。”每位公民，都有保护警报设施的义务和责任，遇到有设备故障或者破坏警报设施的行为时，要及时报告人民防空主管部门。

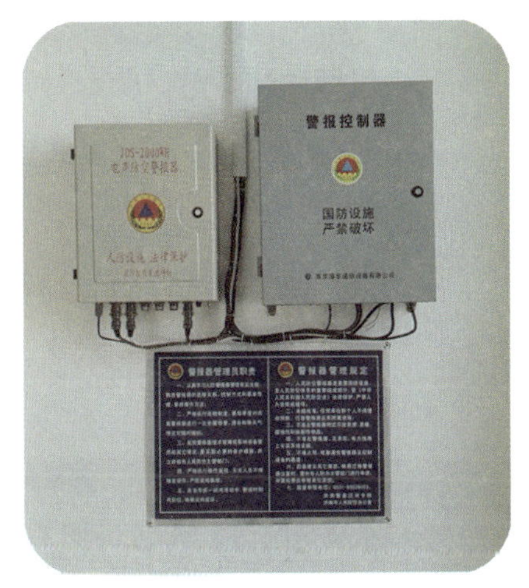

主机设备

（四）积极配合警报设施的安装

《中华人民共和国人民防空法》第三十二条规定：“安装人民防空通信、警报设施，有关单位或者个人应当提供方便条件，不得阻挠。”防空警报对于保护人民生命财产安全，战时保存国家战争潜力，具有重要作用，人民防空是利国利民的社会公益事业，单位或者个人应该积极配合警报设施的安装建设，为防空警报网的完善提供便利。

师：现在我们认识到了防空警报的重要性和警报设施的保护方式，作为高中生，同学们在日常生活中要积极履行保护人防设施的公民义务，为国防建设贡献自己的一份力量。同学们知道我们济南每年在哪一天进行防空警报试鸣吗？

五、济南试鸣小常识（3 分钟）

根据《中华人民共和国人民防空法》和《济南市人民政府关于加强防空警报设施管理工作的

通告》（济南市人民政府第150号令）规定，济南市自1999年开始进行全市防空警报试鸣（1999年10月18日），从2000年起，每年的5月3日定为济南市防空警报试鸣日，以此纪念“五三惨案”，纪念逝去的英灵，警示广大市民勿忘国耻，居安思危，警钟长鸣。

你知道吗？2008年5月19日，山东全省防空警报器统一鸣放，持续3分钟，向汶川地震灾区遇难同胞致哀。

近年来，济南市在5月3日10时进行防空警报试鸣时，都是按照预先警报、空袭警报、灾情警报、解除警报的顺序依次发放。

课堂练习

一、选择题

1. 防空警报信号有（　　）。

A. 预先警报　　B. 空袭警报　　C. 解除警报　　D. 灾情警报

正确答案：ABC

2. 听到（　　）警报信号后，应关闭防护工程密闭门。

A. 预先　　B. 空袭　　C. 解除　　D. 灾情

正确答案：B

3. 灾情警报（　　），反复（　　）遍，时间（　　）分钟。

A. 鸣36秒，停24秒　　3　　3

B. 鸣6秒，停6秒　　15　　3

C. 鸣10秒，停10秒　　6　　2

D. 鸣15秒，停10秒，鸣5秒，停10秒　　3　　2

正确答案：D

4. 可以播放音频、文字、图像、视频的警报器是（　　）警报器。

A. 电动　　B. 电声　　C. 多媒体　　D. 便携式

正确答案：C

5. 防空警报网由（　　）等组成。

A. 发射台　　B. 管理计算机和软件

C. 中继站　　D. 警报终端

正确答案：ABCD

6. 对防空警报的保护有哪些方面和措施？（　　）

A. 保护警报频率　　B. 保护警报音响

C. 保护警报设施　　D. 积极配合警报设施的安装

正确答案：ABCD

二、简答题

在防空警报器的建设、管理和维护方面，公民有哪些义务？

知识拓展

防空警报试鸣的目的和意义

和平时期，组织防空警报试鸣的目的和意义有以下五个方面：

一是为了贯彻落实国家的法律、法规。《中华人民共和国人民防空法》第三十五条规定：“县级以上地方各级人民政府根据需要可以组织试鸣防空警报；并在试鸣的五日以前发布公告。”通常情况下，由各市、县自行组织试鸣，也有全省统一组织试鸣的，例如江苏省是9月18日组织全省试鸣。

二是为了进一步增强广大市民的国防观念。人民防空是动员和组织人民群众防备敌人空中袭击、消除后果采取的措施和行动，同要地防空、野战防空共同组成国土防空体系。人民防空是国防的重要组成部分。警报试鸣警示市民居安思危，提高应对战争和自然灾害的自救互救能力。进一步强化广大市民的人民防空意识，增强国防观念。

三是为了检验防空警报系统的完好情况，掌握警报信号的实际覆盖情况，为下一步规划建设警报点提供科学依据。警报试鸣通常每年进行一次，检验警报系统的机会每年也只有一次。人民防空主管部门要充分利用仅有的机会，获取第一手资料，科学合理进行警报布局；同时，对试鸣暴露的问题进行整改，使警报系统始终处于良好的工作状态。

四是利用警报试鸣的时机，组织学校、社区、企业、机关等进行疏散演练，借此提高有关人员的疏散逃生、自救互救能力，同时提高各单位组织人员疏散的能力。

五是组织防空警报试鸣，对提高遂行“战时防空、平时服务、应急支援”使命任务能力，保护人民生命财产安全，具有重要意义。

（本篇作者　李玉良）

人防工程

战时地下长城——人防工程

教学分析： 人防工程是战时保障城市居民就近掩蔽、减少伤亡损失的重要设施。认识人防工程，了解有关人防工程的基本知识和防护原理，学会正确使用人防工程，是增强学生防空防灾应变能力的重要途径。

教学目标： 1. 了解人防工程定义和防护原理。
2. 了解人防工程的分类、分级。
3. 掌握人防工程的组成和使用方法。

教学重难点： 人防工程防护原理，人防工程的使用方法。

教学方法： 理论讲解、动作演练

教学准备： 多媒体

教学时长： 1 课时（45 分钟）

教学过程

一、新课导入（3 分钟）

师：我们先来观看一组图片。

师：哪位同学能讲述以上标志牌的含义？

生：……

师：大家谈得很好。这些都是人防工程。

随着我国城市建设的发展，我们身边的人防工程越来越多。它们有的位于广场、道路下面，平时作为商场、停车场；有的位于楼房下面，平时作为储藏室；有些近郊山体中的早期防空洞已经成为我们夏季避暑纳凉的好去处。今天就让我们一起来认识被称为战时“地下长城”的人防工程。

二、人防工程的定义（4 分钟）

师：根据《中华人民共和国人民防空法》第十八条规定：“人民防空工程包括为保障战时人员与物资掩蔽、人民防空指挥、医疗救护等而单独修建的地下防护建筑，以及结合地面建筑修建的战时可用于防空的地下室。”这是法律对人民防空工程所做的定义。通俗地讲，人民防空工程是战时防空袭掩蔽人员、物资，保护人民生命和财产安全的重要场所。加强人民防空工程建设，对于提高防灾抗毁能力和开发利用地下空间也具有重要作用。

另外，还有一些修筑在地面以下的地道式人防工程和修筑在山体中的坑道式的人防工程。

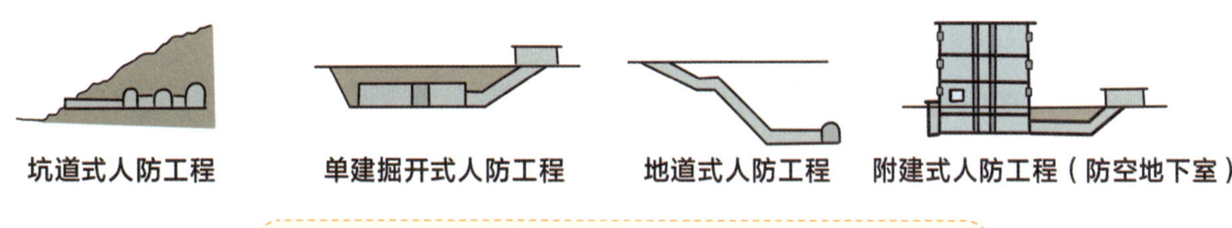

教学提示

可以让学生结合生活所见，谈谈对人防工程的认识。

三、人防工程的防护原理（12 分钟）

师：人防工程之所以具有防护功能，是因为它们结构坚固，能够对外密闭隔绝。人防工程一般具有以下特殊设计：

（一）人防工程的防护原理

1. 人防工程上面覆盖有很厚的土或者石头，能够抵御炸弹、导弹爆炸时的碎片，能够隔绝核辐射、生化武器、爆炸冲击波等。

2. 人防工程围护结构很坚固，能够抵御爆炸动荷载，可以避免建筑物倒塌对人们的伤害。

3. 人防工程临战前需要进行平战转换，对平时使用的出入口、通风口和其他孔洞进行封堵处理，确保工程的密闭性。

4. 人防工程内部安装有很多特殊的设施设备来确保战时掩蔽人员的生命安全。坚固的人防门可以抵御炸弹弹片和爆炸冲击波，滤毒通风系统可以将室外染毒的空气转化为清洁空气，洗消设施可以将染毒人员身上沾染的有毒有害物质清洗干净。另外工程内还有应急电源、水源、通信、核生化检测和自动化控制设备等。

（二）人防工程的防护范围

人防工程主要防护范围包括核武器的光辐射、冲击波、早期核辐射、放射性沾染；常规武器的冲击波、弹片伤害；生物武器、化学武器对空气和水的污染；城市大火、有毒气体泄漏、房屋倒塌等空袭打击后的次生灾害。

对于直辖市、省会城市及其他一类防护城市的人防工程，一般为甲类人防工程，可以防御预定的核武器、化学武器、生物武器和常规武器；对于受核武器打击可能性较小的中小城市，一般修建乙类人防工程，仅考虑防御化学武器、生物武器和常规武器。

四、人防工程的等级、分类（7 分钟）

（一）人防工程的等级划分

人防工程按照战时对核爆冲击波、常规武器、生化武器的防护能力划分为不同等级：按抗力等级划分，可分为 1、2、2B、3、4、4B、5、6、6B 等 9 个等级；按防化等级可分为甲、乙、丙、丁 4 个等级。对于常见的防空地下室，防核武器等级一般为 5 级、6 级或 6B 级；防常规武器等级一般为 5 级或 6 级；防生化武器等级一般为丙级或丁级。

（二）人防工程的分类

人防工程按照战时使用功能可以分为 5 类。

1. 指挥工程：保障人民防空指挥机构在战时实施安全、稳定、有效指挥的重要场所。

2. 防空专业队工程：战时用来掩蔽防空专业队队员和车辆的工程，按照专业队功能一般分为抢险抢修、医疗救护、消防、防化、通信、运输、治安、心理防护、信息防护、伪装设障等人民防空专业队工程。

3. 医疗救护工程：战时对伤员进行及时救护的工程。一般分为三等：一等为中心医院、二等为急救医院、三等为救护站。

4. 人员掩蔽工程：战时供人员掩蔽使用。一等人员掩蔽工程用来掩蔽战时坚持生产和工作的留城人员；二等人员掩蔽工程用来掩蔽战时留城的普通居民。

5. 配套工程：除以上工程外的其他人防工程，主要有区域电站、供水站、物资库、食品站、交通干（支）道、核生化监测中心等。

五、人防工程的组成（6 分钟）

人防工程一般由口部和主体组成。

（一）人防工程的口部

按照战时使用功能，人防工程口部有：主要出入口、次要出入口、备用出入口和设备安装口。每个人防工程在战时都至少有两个人员出入口，其中一个是主要出入口。人员掩蔽工程的主要出入口，至少有两道人防门。两道人防门之间为防毒通道。战时人防工程密闭防护期间，人员进出工程都要经过这两道人防门和防毒通道。人防工程密闭防护期间，次要出入口一般情况下不允许使用，但当主要出入口遭到破坏后，可以使用次要出入口。

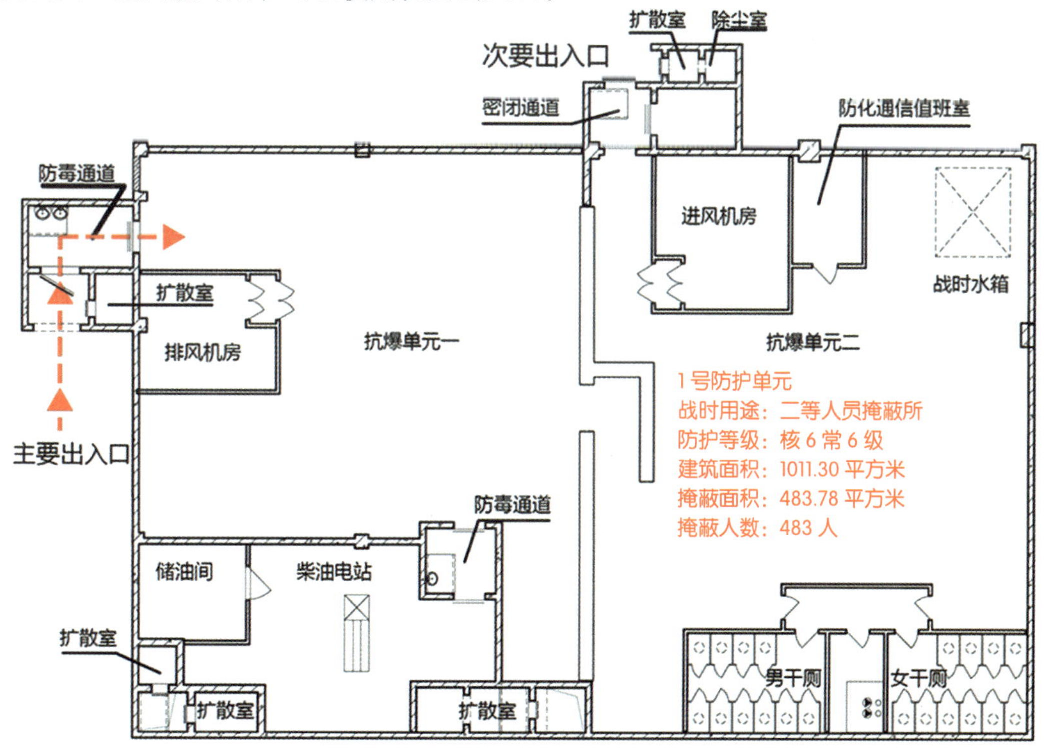

（二）人防工程的主体

人防工程的主体就是工程内部用来掩蔽人员、物资、车辆装备的空间。人防工程内每一个独立掩蔽人员或物资的空间划分为一个防护单元，每个防护单元都有自己的出入口、独立的防护设施和设备，保证内部成为一个独立的防护空间。对于人员掩蔽工程，为了方便人员活动，防护单元内一般设有休息区、办公区、厕所、饮水间和设备操作房间等。对于普通人员，要按照工作人员要求在指定区域活动，不许擅自进入设备操作间。每一个防护单元内又划分为若干抗爆单元，当工程局部遭到破坏时，可以保证其他部分不遭受直接破坏。

六、如何正确使用人防工程（11 分钟）

师：人防工程具有良好的防护性能，但是要发挥它的防护作用，必须要掌握正确的使用方法。

1. 熟悉自己身边的人防工程，了解它的战时使用功能，知道人员掩蔽工程的主要出入口位置，熟悉通往工程最短的路线。

2. 听到空袭预警信号后，携带个人应急物品，迅速前往掩蔽工程，按照工作人员的引导依次进入。

3. 进入工程后，在指定位置坐卧休息，少活动，不嬉戏打闹，保持体力，减少工程内氧气消耗。注意工程内的卫生，防止污染。不随地大小便，饮食残余物、垃圾要集中密闭存放。严禁使用明火，禁止吸烟。

4. 在人防工程内，非专业人员不许触碰或操作人防设备，以免造成防护事故。所有掩蔽人员都不许使用通信器材，如手机等，以免暴露目标。

5. 工程密闭防护期间，非工作人员一般不得进出工程。工作人员进出时，必须从主要出入口按照指定路线行进。同一时间，人防工程口部只准打开一道人防门。禁止同时打开两道人防门，避免外部污染空气进入工程。当工程局部遭受破坏时，要听从工作人员指挥，迅速转移到其他防护单元内，防止危害扩大。

6. 空袭警报解除后，首先要对自己周围的环境进行清理，清点并携带好自己的物品，在工作人员的引导下，有序撤出。

结合上面六项内容的学习，鸣放防空警报信号，按照预定疏散路线疏散到模拟人防工事（可在操场搭建模拟工事）。将学生编为 2—3 个组，教师边讲解，学生边做动作。

七、总结（2 分钟）

同学们，人防工程是防御空袭打击、有效掩蔽人员和物资、保存战争潜力的重要设施，是保护人民生命财产安全的地下长城。任何组织或者个人不得破坏、侵占人防工程。对损害和破坏人防工程的行为，任何组织或个人都有权制止和向人民防空主管部门检举。保护人民防空工程是一切组织和个人应尽的责任和义务。我们每个人都要了解人防知识，支持人防工程的建设，爱护身边的人防设施。

课堂练习

一、选择题

1. 结合地面建筑修建的人防工程是（　　）。

A. 单建人防工程　　B. 防空地下室　　C. 坑道式人防工程　　D. 地道式人防工程

正确答案：B

2. 甲类人防工程与乙类人防工程的区别是（　　）。

A. 防核武器　　B. 防常规武器　　C. 防生化武器　　D. 防次生灾害

正确答案：A

3. 人防工程防护原理说法错误的是（　　）。

A. 坚固的围护结构可以抵御爆炸动荷载　　B. 人防门可以抵抗冲击波和弹片

C. 平时使用的出入口也可以在战时使用　　D. 滤毒通风系统能保障工程内空气清洁

正确答案：C

4. 人防工程口部设有（　　）。

A. 休息区　　B. 办公区　　C. 厕所　　D. 防毒通道

正确答案：D

5. 下面使用人防工程做法错误的是（　　）。

A. 熟悉身边的人防工程，了解它的战时功能

B. 进入工程后，给朋友打电话报告情况

C. 进入工程后，不喧哗，不打闹

D. 空袭警报解除后，清点并携带个人物品有序撤离

正确答案：B

6. 人防工程按照战时使用功能可以分为（　　）。

A. 指挥工程　　B. 防空专业队工程

C. 医疗救护工程　　D. 人员掩蔽工程及配套工程

正确答案：ABCD

7. 按照战时使用功能，人防工程口部可以分为（　　）。

A. 主要出入口　　B. 次要出入口　　C. 备用出入口　　D. 设备安装口

正确答案：ABCD

8. 人防工程出入口如何使用？（　　）

A. 次要出入口一般情况下不允许使用　　B. 战时可以使用主要出入口

C. 主要出入口遭到破坏后，可以使用次要出入口　　D. 战时也可以使用平时出入口

正确答案：ABC

二、判断题

1. 工程密闭防护期间，普通人员也可以操作人防设备。（　　）

正确答案：错误

2. 因为人防门妨碍停车位正常使用，可以先把人防门拆除。（　　）

正确答案：错误

知识拓展

地铁也是人防工程

大家在乘坐地铁时，有没有发现地铁隧道口也有人防门呢？这是为什么呢？原来地铁也是人防工程。

由于地铁深埋在地下，结构强度大，具有天然的防护作用。第二次世界大战中，伦敦、莫斯科、东京等很多城市的地铁在防空袭方面都发挥了重要作用。二战期间，在德军空袭英国伦敦的日子里，伦敦人乐观地说，即使整个伦敦被炸毁了，我们还有地铁。当有空袭预警时，多数伦敦市民就进入地铁，警报解除后就回家。当时因为伦敦设在地铁中的临时床位供不应求，人们还需要买票预定呢。

1969 年 10 月 1 日，我国第一条地铁——北京地铁 1 号线建成通车。这条地铁把人防功能放在头等重要的位置。它安装有电动人防门、滤毒通风系统等人防防护设施。现在我国的城市在设计和建设地铁时，都要按照国家有关规定兼顾人民防空需要，安装人防设施设备。一旦发生战争，地铁就可以作为人员疏散、掩蔽的人防工程来使用，保护人民生命财产安全，发挥地铁的战备效益。

下次乘坐地铁时，留心观察一下，你可以发现哪些人防设施设备或人防标志呢？

（本篇作者　孙海朋）

“三防”

核武器及其防护

教学分析： 战争伴随着人类社会的变革而发展，随着核武器融入军事领域，战争发生了质的变化。现代战争中，一旦遭遇核武器，将严重危及人民群众的生命安全。学会核袭击时的防护措施，是群众开展自救互救的重要技能。

教学目标： 1. 了解核武器的特点及其杀伤破坏因素。
2. 提高学生对核袭击的自我防护和互救能力。
3. 强化学生居安思危的忧患意识和爱国主义情感。

教学重难点： 1. 核武器的杀伤破坏作用。
2. 核袭击时的防护措施。

教学方法： 利用电脑多媒体辅助教学。

教学准备： 多媒体、防毒衣、防毒面具、口罩、毛巾、防风墨镜、围巾等。

教学时长： 1 课时（45 分钟）

教学过程

一、新课导入（5 分钟）

（观看美国向日本投放原子弹视频）

师：1945 年 8 月 6 日，美国在日本广岛上空投下了一颗当时非常神秘的炸弹，造成 24.5 万人死伤，20 万人失踪。这种武器是什么呢？它就是原子弹。

原子弹是核武器的一种，其威力相当大，但它也有局限性和可防性。只要我们熟悉核武器的性能，采取正确的防护措施，就能有效避免或减少伤亡。本节课，我们一起来学习核武器知识及相关防护技能。

二、核武器简介（10 分钟）

（一）核武器

1. 核武器定义

核武器是利用核反应瞬间释放出的巨大能量，起杀伤破坏作用的武器。原子弹、氢弹、中子弹统称核武器。

2. 核武器的特点

核武器具有杀伤破坏因素多、危害程度重、波及范围广、影响时间长等特点。

3. 核武器的数量分布

斯德哥尔摩和平研究所的报告以 2016 年 1 月为观察时间点，称全球共拥有 15395 枚核弹头，其中 4120 枚为部署状态。据称，俄罗斯已拥有 7290 枚核弹头，美国有 7000 枚，两国总和占全球核弹头总数的 93%。接下来依次为法国 300 枚、中国 260 枚、英国 215 枚、巴基斯坦 110—130 枚、印度 100—120 枚、以色列 80 枚、朝鲜 10 枚。

（二）核武器的威力

1. 核武器的威力是指核爆炸时释放的总能量，通常用当量（TNT）来表示。

2. 等级划分

按照核爆炸当量，可以把核武器划分若干等级，但各国的具体方法又不尽相同。核武器按当量大小可分为百吨级、千吨级、万吨级、十万吨级、百万吨级、千万吨级等。

苏联		美国		中国	
类型	当量（万吨）	类型	当量（万吨）	类型	当量（万吨）
小型	<1.5	超低	<0.1	百吨级	<0.09
中型	1.5—10	低	0.1—1	千吨级	0.1—0.9
大型	10—50	中	1—5	万吨级	1—9
特大型	>50	高	5—50	十万吨级	10—90
		超高	<50	百万吨级	100—990
				千万吨级	>1000

（三）爆炸方式和外观景象

核武器的爆炸方式有三种：空中爆炸（含低空爆、中空爆和高空爆）、地面（水面）爆炸和地下（水下）爆炸。

1. 空中爆炸的外观景象：闪光→火球→颜色逐渐变暗，从地面吸起一股尘柱，尘柱越升越高和烟云结合在一起，形成蘑菇状烟云。

2. 地面爆炸的外观景象：闪光→半球形火球→颜色逐渐变暗，烟云和尘柱一起由地面升到空中，形成蘑菇状烟云。

3. 地下爆炸的外观景象：看不到闪光和火球，尘柱呈粗大发散状，并有很深的弹坑，在一定的范围内有强烈震感。

地面（水面）核爆炸景象

三、杀伤破坏因素（15 分钟）

核武器的杀伤破坏因素有五种：光辐射、冲击波、早期核辐射、核电磁脉冲和放射性沾染。

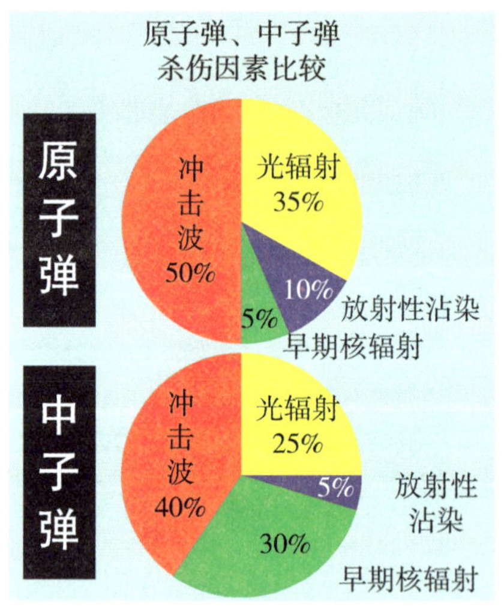

光辐射、冲击波、早期核辐射、核电磁脉冲是在核爆炸最初的几十秒之内产生的杀伤破坏作用，又叫瞬时杀伤破坏因素。放射性沾染危害时间较长，可以持续几天、几十天，甚至更长时间。

（一）光辐射

1. 光辐射

又称热辐射，是指核爆炸的闪光以及高温火球辐射出来的光和热。辐射出来的光比太阳光要强千万倍。火球中心温度可达几千万度，比太阳表面温度高得多。它以光速直线传播，作用时间只有十到几十秒。

2. 光辐射的杀伤破坏作用

光辐射能烧伤无防护人员的眼底和皮肤；吸入灼热空气可导致呼吸道烧伤；使易燃物体起火燃烧，形成大面积火灾区，这也就是我们所说的次生灾害。

（二）冲击波

1. 冲击波

冲击波是核爆炸瞬间形成的高温高压气流。作用时间只有几十秒，比声速快，使空气压强突然

升高形成超压。当超压恢复到正常值以后，还有较明显的负压作用期，并因空气的迅速流动形成动压。

2. 冲击波的杀伤破坏作用

在超压的挤压作用下，人体内脏损伤，耳膜破裂。动压可把人员抛出一定距离，引起脑损伤、骨折。超压、负压和动压共同作用使建筑物倒塌和物体抛出，对人员造成间接伤害。

超压作用示意图

动压作用示意图

（三）早期核辐射

1. 早期核辐射

早期核辐射是指在核爆炸最初几十秒钟内放射出来的 γ 射线和中子流。它与 X 光相似，以光速直线传播，穿透力强。

2. 早期核辐射的杀伤破坏作用

早期核辐射能穿透一定厚度的物体，穿透人体时能破坏组织细胞，当射线照射身体达到一定程度时，人就会得放射病，表现为头痛、恶心、失眠、食欲减退、疲乏无力、白细胞减少、脱发等症状。还会使没有放射性的物质产生感生放射性，也能使光学玻璃变暗、胶卷曝光、化学药品失效，影响电子仪器性能等。

（四）核电磁脉冲

1. 核电磁脉冲

核电磁脉冲是核爆炸瞬间产生的一种强电磁波，作用半径可达几千公里，作用时间极短。

2. 核电磁脉冲的破坏作用

核电磁脉冲对人、畜没有杀伤作用，但对通信器材、电气设备有破坏作用，可造成电脑硬盘及电子元件毁坏，使系统不能工作。

（五）放射性沾染

1. 放射性沾染

在核爆炸的蘑菇状烟云中，有大量的放射性物质，它向下风方向呈扇面飘移扩散，形成沾染区，进而给人员、空气、地面、物资等造成沾染的现象，叫放射性沾染。其特点是作用时间长。

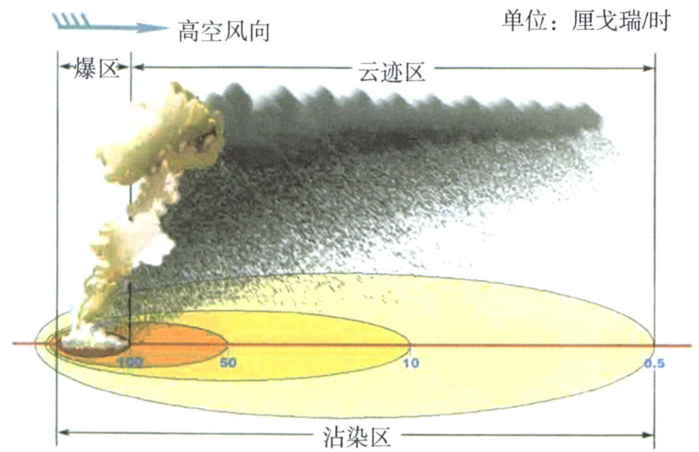

2. 放射性沾染的杀伤破坏作用

放射性沾染与早期核辐射的伤害作用基本相同，靠射线伤人，不仅有体外照射，灼伤皮肤，还可从呼吸道、消化道进入人体，引起体内照射。对物体没有破坏作用，但它可使受沾染的物体产生感生放射性，影响使用。

核武器对人员、物体的杀伤破坏，往往是几种因素综合作用的结果。如暴露在离爆心一定范围内的人员，既有烧伤，又有内脏、肌肉、骨骼的损伤，还有放射性损伤，形成复合伤。

四、核袭击时的防护行动（15 分钟）

核武器虽具有巨大的杀伤破坏作用，但是可防护的。除了采取摧毁敌人核武器等积极措施外，正确利用疏散隐蔽、构筑工事、个人防护器材等，都是有效的防护措施。只要有了防护准备，而且会防护，就可以减轻甚至避免其杀伤破坏作用。

遭遇核武器袭击时，必须在杀伤破坏因素到达之前，迅速准确地做完防护动作，以求生存机会。那么，什么样的防护动作才是迅速、准确、有效的呢？

（一）核袭击前的防护行动

当有核袭击的迹象时，有关部门会发出预先警报，听到预先警报后，要沉着镇静，并做到：

1. 立即切断电源。
2. 关上煤气或熄灭炉火。
3. 关闭门窗和放下窗帘。

4. 携带好个人防护器材和生活必需品（如衣物、食物、水、手电等，并携带有效身份证件）。

5. 听从指挥，迅速有序地进入人防工程或疏散地掩蔽。隐蔽在没有密闭设备工事内的人员，应尽量避开工事的门和其他孔口部位，并用棉球或手指堵住耳孔，防止鼓膜损伤。头和身体尽量不要贴靠在工事的墙壁上。不要随意走动、吸烟、大声喧哗。

（二）核袭击时的防护行动

1. 地物较大时，地物在人和爆心之间，可利用地物，横向爆心卧倒防护。

2. 地物较小时，应使头对向爆心，与地物和爆心在一条直线上卧倒掩蔽，重点是保护头部。要注意避开高大建筑物和易燃、易爆的物品。

3. 在开阔地面的人员，应迅速背向爆心卧倒。卧倒姿势：双手交叉手心向下垫于胸前，头部尽量夹于两臂之间，胸部离开地面，闭眼、闭口、收腹，两腿伸直，脚尖向下着地，暂停呼吸。

4. 巨大响声过去后，应迅速戴上个人防护器材，掸掉身上的尘土，进行必要的皮肤防护，就近寻找人防工程掩蔽或迅速远离沾染区。

5. 室内人员的防护方法：室内人员发现核闪光后，应靠墙根、屋角或床下、桌下卧倒或蹲下。蹲于桌下、墙角时，要两手十指交叉，手心向内，把手放于后脑，头部夹于两臂之间，身体尽量蜷缩，暂停呼吸。应避开玻璃门窗或高大柜架，以免玻璃碎片或重物倒下对人员造成间接伤害。

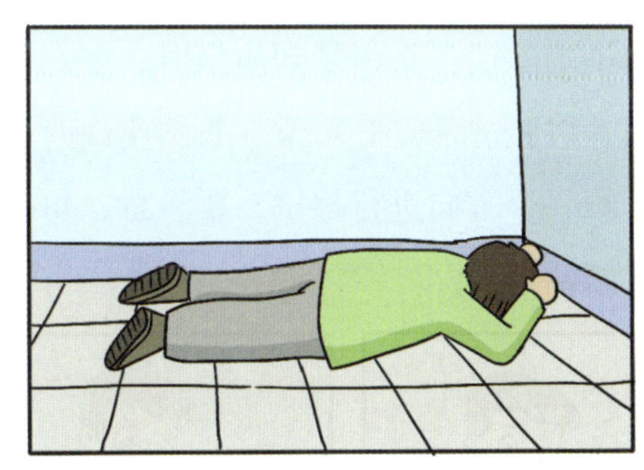

（三）核袭击后的行动

核袭击后，放射性灰尘、火灾、建筑物倒塌等都会对人员造成直接或间接伤害。因此，我们必须采取必要的措施，防救结合，减少人员伤亡和财产损失。

1. 放射性灰尘沉降时的行动

核爆炸后，蘑菇烟云中的放射性物质，在较短时间内就能降落到地面。为防止放射性灰尘吸入呼吸道或降落到皮肤上，沾染区的人员要及时戴好防毒面具或口罩，扎好“三口”（领口、袖口、裤口），用雨衣、塑料布、床单等把裸露的皮肤遮盖起来。在室内的人员，应立即关闭门窗，密封缝隙，堵住孔口，注意收听关于落尘情况的通报，待机撤离。

2. 撤离沾染区的行动

接到相关部门撤离沾染区的命令时，人员应迅速穿戴好防护器材，扎紧“三口”，携带有效身份证件、食品、饮水、衣物等生活必需品，沿指定路线撤离沾染区。行进中，人员之间要保持适当距离，防止扬起灰尘沾染周围人员；要尽量避开草丛、瓦砾层厚和积尘多的墙根、洼沟；沾染区内严禁吃食物、喝水和饮料、吸烟，也不要坐、卧和脱下防护器材。乘车撤离沾染区时，除做好个人防护外，要关闭车窗，盖严篷布，加大车距前进。车上人员不能随便下车，如需要上下车时，尽量不接触车轮和挡泥板。

3. 消除放射性沾染的方法

服装沾染消除法：通常采用拍打、扫除、抖拂、洗涤等方法。人员始终要站在上风处，以免被扬起的灰尘再次沾染。

身体沾染消除法：身体受到沾染时，要尽快用清水和肥皂进行洗消。洗消部位主要包括头部、颈部、鼻腔、口腔、耳窝等部位。条件允许时，可进行全身淋浴。无水时，可用干净毛巾（纱布）由上到下，顺一个方向进行擦拭。要注意，每擦拭一次，就要将毛巾（纱布）对折一次，防止已消除部位被重新沾染。

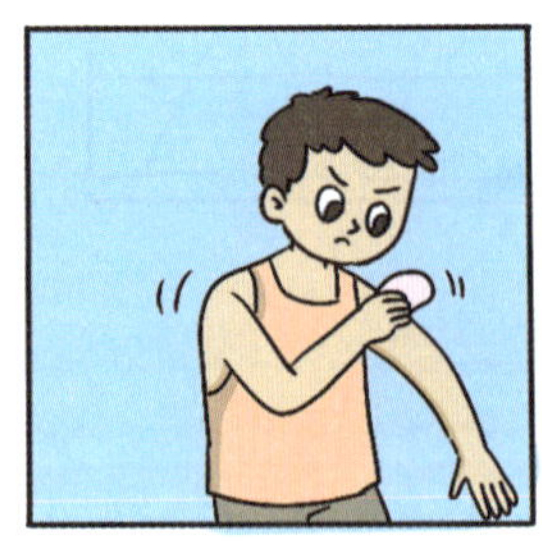

食品沾染消除法：若密封食品的外包装层受到沾染，可采用扫除、拍打法；对被沾染的谷类、豆类等，可用扬筛和水洗的方法进行消除；对被沾染的蔬菜、水果的消除，应采取清水冲洗和剥皮的方法；对被沾染的饮水消除，可以采用土壤净化、过滤或吸附凝沉方法进行净化处理。请同学们注意，经过处理的粮食、蔬菜、饮水等，必须经由专业技术人员检验，确认符合食用标准后方可食

用。误食了受沾染的食物和水时，要遵医嘱尽快采取催吐、洗胃、利尿等消除方法。

被沾染道路、地面的消除，通常采用铲除、铺盖或用水冲洗等办法。

课堂练习

一、选择题

1. 下列武器不属于核武器的是（　　）。

A. 原子弹　　B. 中子弹　　C. 氢弹　　D. 激光炸弹

正确答案：D

2. （　　）危害时间较长，可以持续几天、几十天，甚至更长的时间，又叫延续（缓效）杀伤破坏因素。

A. 光辐射　　B. 冲击波　　C. 早期核辐射　　D. 放射性沾染

正确答案：D

3. 人员在沾染区行动时，正确的做法是（　　）。

A. 脱下防护服　　B. 吃东西　　C. 选择沾染较轻的路线　　D. 开车窗通风

正确答案：C

4. 在组织人员进入人防工事躲避空袭时，禁止带入的是（　　）。

A. 汽油　　B. 手电筒　　C. 防护器材　　D. 食品

正确答案：A

5. 对放射性沾染的防护要求扎紧“三口”，指的是（　　）。

A. 领口、袖口、裤口　　B. 袖口、裤口、鞋口

C. 领口、鞋口、裤口　　D. 领口、袖口、鞋口

正确答案：A

6. 核武器的爆炸方式有哪几种？（　　）

A. 空中爆炸　　B. 地面（水面）爆炸　　C. 沙漠爆炸　　D. 地下（水下）爆炸

正确答案：ABD

7. 通过放射性沾染区时，要注意的防护方法有（　　）。

A. 识别放射性沾染地域边界标识牌

B. 通过草丛、瓦砾层厚和积尘多的墙根、洼沟

C. 扎紧“三口”，用雨衣、塑料布、床单等把暴露皮肤遮盖起来

D. 人员聚集在一起

正确答案：AC

知识拓展

原子弹、氢弹、中子弹简介

原子弹是利用重核裂变反应产生巨大能量的爆炸性武器。它主要由核装料（铀-235或钚-239）、炸药、中子源、起爆装置、弹体等组成。原子弹爆炸时首先是由引爆系统起爆炸药，炸药则推动、压缩中子反应层和核装料，核装料达到一定体积（称作临界体积）后，在中子的作用下，便可自发连续地进行裂变反应，发生猛烈爆炸，并在极短时间内放出巨大能量。一公斤铀-235全部裂变时所放出的能量相当于20000吨左右的TNT炸药爆炸时释放出的能量。所以说原子弹是一种威力巨大的杀伤破坏性武器。

氢弹是利用原子弹爆炸的能量点燃氢的同位素氘、氚等质量较轻的原子的原子核发生核聚变反应（热核反应）瞬时释放出巨大能量的核武器，又称聚变弹、热核弹、热核武器。

氢弹的杀伤破坏因素与原子弹相同，但威力比原子弹大得多。原子弹的威力通常为几百至几万吨级TNT当量，氢弹的威力则可大至几千万吨级TNT当量，其爆炸达到的温度约为100亿度，亦即太阳中心温度的1000倍。

中子弹又叫加强辐射弹。中子弹是一种以高能中子辐射为主要杀伤力的低当量小型氢弹。作为特种战术核武器，中子弹的爆炸波效应减弱，辐射增强。只杀伤敌方人员，对建筑物和设施破坏很小，也不会带来长期放射性沾染，尽管从未曾在实战中使用过，但军事家仍将之称为战场上的“战神”。

（本篇作者　梁婷婷）

核袭击时的个人防护

教学分析： 核武器袭击时，人类会遭受五种危害：光辐射、冲击波、早期核辐射、核电磁脉冲和放射性沾染。其中冲击波占总释放能量的50%，光辐射占释放能量的35%，二者是主要的杀伤破坏因素，也是教学重点。高中生对核武器及其危害有所了解，有些问题可让学生独自完成或小组合作解决，并将有关知识传授给家人和朋友，从而使核防护知识得到普及。

教学目标： 1. 让学生了解核袭击时的危害，认识个人防护的重要性。
2. 学会核袭击时的个人防护动作要领，掌握防护技能。
3. 增强国防意识，做好参军入伍、保家卫国的心理准备。

教学重难点： 了解核袭击的危害，掌握核袭击时的防护要领与动作。

教学方法： 讲授法，演示法，讨论法，多媒体辅助教学。

教学准备： 课件、多媒体、防毒面具等。

教学时长： 1 课时（45 分钟）

教学过程

一、新课导入（5 分钟）

师：同学们，杀伤力最大的武器是什么，你了解它的危害么？

生：核武器（原子弹、氢弹、中子弹）。杀伤力很大，而且它放出的辐射能改变人类的基因，出现很多怪病，还会导致新生儿发育畸形……

师：在以前的人民防空知识学习中，我们已经了解到核武器、化学武器和生物武器被称为三种大规模杀伤性武器。今天，我们先来学习一下核武器。先让我们看一看核武器的威力到底有多大。

提

老师通过播放多媒体课件视频，让学生直观地感受核武器的巨大威力和惨痛的危害。

核爆前的日本广岛元康河上游

1946 年 3 月广岛核爆后的废墟

（播放《居安思危，备战人防》电影科教片第四部《核与辐射的危害》）

师：请大家谈谈观看图片和视频后的感受。

生：核武器危害巨大，很可怕……

师：更可怕的是它有可能被再次使用。尽管和平与发展是当今时代的主流，但是战争也是不可避免的。有哪位同学知道自 20 世纪 90 年代以来世界上发生的较大规模的战争有哪些？

生：海湾战争、科索沃战争、伊拉克战争、阿富汗战争、利比亚战争、叙利亚战争等。

如果学生回答不全，老师及时补充。

师：有战争就有使用核武器的可能性，因此我们必须学习掌握与核武器有关的基本知识和技能。现在我们先来学习核武器的基本知识。

二、核武器的基本知识（5 分钟）

1. 核武器的定义

师：请大家朗读核武器的定义。

核武器是利用能自持进行原子核裂变或聚变反应，瞬时释放出巨大能量，起到大规模杀伤破坏作用的武器。原子弹、氢弹、中子弹统称为核武器。

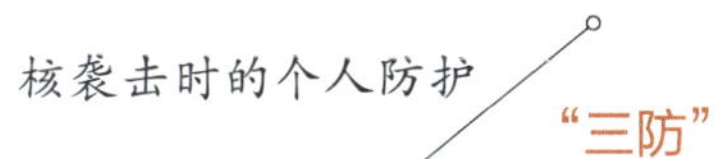

2. 目前拥有核武器的国家

师：同学们知道哪些国家拥有核武器吗？

生：据了解，有美国、俄罗斯、英国、印度、法国、中国、巴基斯坦、朝鲜、以色列。

师：现在咱们来系统学习核武器的几种杀伤破坏因素。

三、核武器的杀伤破坏因素（15 分钟）

老师要求学生快速自学这部分内容，能说出这些危害方式即可。

（一）高温杀伤破坏——光辐射

光辐射是由核爆炸时形成的炽热火球辐射出的强光。火球的表面温度可达 8000 摄氏度，其中心温度更高，能达几百万到几千万摄氏度，其亮度比夏季中午的太阳强几千倍。光辐射烧伤是核伤害的主要伤情之一，可引起皮肤烧伤、眼烧伤（眼睑烧伤、角膜烧伤和视网膜烧伤）和呼吸道烧伤等。

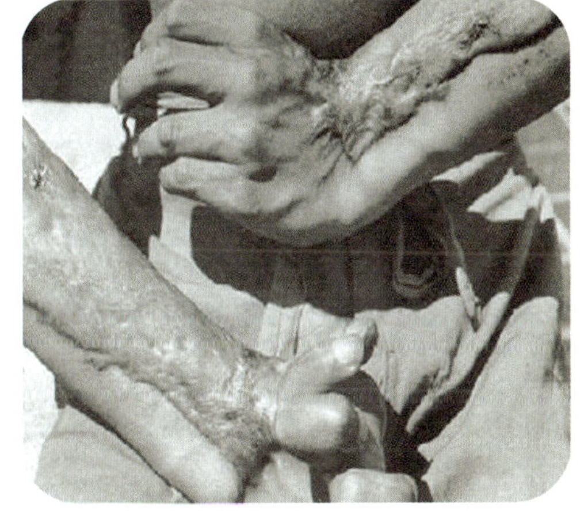

师：请同学们看案例。

（投影显示：广岛核爆现场有多惨）

据幸存者回忆：到处都是烧焦的尸体，怪病层出不穷。原子弹爆炸那一刻，除了当场死亡的，此后几年有 20 至 30 万广岛居民死于白血病。

人们的皮肤变得黝黑，没有头发……他们的皮肤好像都被剥掉了，到处都能看到烧焦的尸体……

师：看了这个案例，大家有什么感受？请谈一谈。

学生谈个人感受，老师做出恰当评价，对于可能出现的突发问题，如学生有不适感，老师要灵活应对。

（二）高压杀伤破坏——冲击波

核爆炸形成的高温、高压火球向外膨胀扩大，推挤周围介质而形成的一种机械波即为冲击波。

冲击波以超音速传播，直接冲击可引起空腔脏器如听觉器官、心、肺、胃肠道、膀胱等损伤；同时冲击波可破坏各种物体和建筑物，间接引起玻璃片、沙石等飞射物体打击人体，倒塌的工事和建筑物对人体压埋等。

（三）特殊杀伤破坏——早期核辐射

核武器爆炸最初十几秒钟内释放出来的伽马射线和中子流有很强的穿透能力，我们的肉眼无法观察它，而它却像 X 射线一样能穿透人体、物体。早期核辐射是核武器特有的危害方式，主要引起不同程度的各类急性放射病，对造血系统、消化系统和神经系统的影响最为显著；照射剂量很大时，可直接损伤神经系统。

（四）对通信联络的破坏——电磁脉冲

电磁脉冲好像是强大的雷鸣闪电，电场强度可达到几十万伏，会中断通信，使各种控制失灵，使电子计算机数据混乱，严重扰乱正常的电波传播等。它的传播破坏距离达到几百或几千公里，远远大于前 4 种破坏距离。

此外，核袭击对人的心理危害也是巨大的。瞬间杀伤成千上万人，使一切化为废墟的毁伤效应，会让人产生巨大的恐惧心理。不仅如此，核爆炸产生的尘埃和碎屑弥漫于大气层中，会挡住太阳光，导致天气变得非常寒冷，科学家称之为“核冬天”。它也是人类生命的“核冬天”和人类文明的“核冬天”。

（五）长期危害——放射性沾染

放射性沾染是指核武器爆炸产生的放射性落下灰对人员、物体、地面等造成的污染。

人员在无屏蔽、无防护条件下，在严重沾染区停留或通过时间过长，受到较大剂量射线的外照射时，就会发生急性放射损伤。放射性沾染造成的内外照射，有些损伤效应在照射后半年至数十年后才会出现，甚至可能遗传下一代，称为“远后效应”，如白血病、甲状腺癌等病变。

四、核袭击时的个人防护（15 分钟）

（一）核袭击前的准备

1. 准备好口罩、雨衣、被单等简易防护工具，打成便于携带的背包，放在固定的、易于取用的位置；

2. 掌握防护器材使用方法；

3. 熟悉附近人防工事位置、入口标志与紧急疏散路线；

4. 熟悉防空警报信号。

师：谁知道咱们学校附近的紧急疏散区在哪里？

生：……

（二）室内人员的防护

1. 听到核袭击的预先警报时，室内人员应迅速拉断电闸，熄灭炉火，关闭煤气、门窗。携带个人防护用具和必要的生活用品（食物、饮水、衣服、证件、手机等），迅速有序地进入人防工事。

2. 室内人员发现核爆炸闪光后，应立即靠墙根、屋角或在床下、桌下卧倒或蹲下进行防护；注意避开玻璃门窗或高大框架，以免玻璃碎片或重物倒下造成间接伤害。

3. 室内训练：利用教室内的课桌、门、窗等，进行防护训练。动作要领：

快——见闪光忌看火球，反应快；

利——利用桌下、墙根、墙角等处隐蔽；

避——避开门窗，以免玻璃碎片伤害；

卧——迅速卧倒。

师：现在做室内防护演练，主要练习关灯、戴口罩、扎“三口”（领口、袖口、裤口）、寻找躲避位置。因场地小，分两组进行，一组观摩，另一组展示，然后交换演练。

做完后老师要对演练结果做出评议。

（三）室外人员的防护

师：室外突遭核袭击时，我们该怎样防护？请看屏幕。学生仔细阅读以下内容：

1. 路上行人、车辆和公共场所的人员，应听从指挥，迅速到指定的地点隐蔽。

2. 发现核爆炸闪光，不要看火球，应当迅速利用各种工事进行个人防护。

3. 对于来不及进入人防工程和其他掩蔽场所的人员，发现闪光时不要惊慌奔跑，不要观看火球，应立即就近利用有利的地形地物进行防护，高山或丘陵的背斜面、山脚、陡崖、山洞、河谷等地形，矮墙、花坛、土堆、深坑、桥洞等地物均有防护效果。防护时，应结合地形地物，采取卧、蹲、跪、坐等姿势。

4. 处在开阔地的人员，应迅速背向爆心卧倒，双手交叉垫于胸下，这样可以减震保护内脏，两肘前伸，头部尽量夹于两臂之间，闭眼、闭口、腹部微收，两腿伸直并拢。当感觉四周高热时，应屏住呼吸，防止热空气烧伤呼吸道。

师：同学们，此处是重点，记住核防护的基本动作要领。现在看我做示范动作。

5. 巨大响声过后，迅速进行个人防护，通常采取扎“三口”（领口、袖口、裤口），并对裸露皮肤进行必要防护，掸掉身上尘土，以消除或减轻辐射沾染；戴上面具或口罩，就近寻找人防工事或建筑物掩蔽。

6. 核爆炸时，如果身边有江河、湖泊或池塘，应立即潜入水中防护。

（四）通过沾染区

利用个人携带的简易防护器材，扎紧“三口”，通过沾染区时，要根据建筑、树林、道路、洼地、障碍物的情况，选择行进路线，尽量垂直于放射性沾染地带快速横穿，避免草丛和积尘多的路面。通过沾染区时动作要快，脚步要轻，人员要保持一定距离，尽量减少扬尘。人员通过沾染区后，要尽快消除衣物和皮肤上的放射性沾染。

五、结语（5 分钟）

师：同学们，本节课我们学习了哪些知识？哪位同学来回顾一下？

生：……

师：同学们，没有强大的国防，就没有和平的环境，也就没有我们今天的幸福生活。新中国历经七十余年的发展，综合国力不断增强，一系列国产化的大国利器频频面世，为保卫祖国领土完整、捍卫核心利益、震慑霸权主义、维护世界和平做出了卓越的贡献。作为新时代的高中生，我们要更加发奋图强，努力学习，报效祖国！

课堂练习

一、选择题

1. 下列武器中不属于核武器的是（　　）。

A. 原子弹　　B. 氢弹　　C. 钻地炸弹　　D. 中子弹

正确答案：C

2.（　　）通过瞳孔在眼底上成像，可烧伤眼底。

A. 冲击波　　B. 电磁脉冲　　C. 早期核辐射　　D. 光辐射

正确答案：D

3. 遭受核袭击时，下列防护动作正确的是（　　）。

A. 先看火球，再找掩体躲避　　B. 张着嘴呼呼喘着往高处跑

C. 头朝爆心，两手前伸，身体贴地趴下　　D. 皮肤受沾染后应尽快洗消

正确答案：D

4. 人员在沾染区行动时，正确的做法是（　　）。

A. 选择沾染较轻的路线　　B. 先脱下防护用品

C. 随便吃东西、喝水　　D. 乘车离开时开窗通风

正确答案：A

二、简答题

1. 结合地理原理，解释“核冬天”产生的原因。

知识拓展

核泄漏及其危害

核能外泄又称为核熔毁，是核反应堆出现故障时产生的严重后遗症。核能外泄所发出的核能辐射虽远比核武器威力与范围小，但是却同样能造成一定程度的生物伤亡。

核能外泄最主要原因，就是核反应堆核心冷却系统故障，导致控制辐射的相关设备失常。虽说核能外泄不一定全然包括核灾害，但是已经是已知核能应用上的最大环保隐忧，例如切尔诺贝利核事故与福岛第一核电站事故。

一般情况下，核泄漏对人员的影响表现在核辐射，也叫作放射性物质，放射性物质可通过呼吸吸入，皮肤伤口及消化道吸收进入体内，引起内辐射，γ 辐射可穿透一定距离被机体吸收，使人受到外照射伤害。

放射性物质的衰变中产生电离辐射。它能破坏人体组织中分子和原子之间的化学键，可能对人体重要的生化结构与功能产生严重影响。我们的身体会尝试修复这些损伤，但是有时损伤过于严重或涉及太多组织与脏器，以至于不可能修复。而且，身体在自然修复过程中，也很可能产生错误。

最容易被辐射所伤的身体部分包括肠胃上皮细胞以及生成血细胞的那些骨髓细胞。

最大的长期健康风险是癌症。通常当体细胞受损或老化到一定程度时，它们会自我消除。当这种自我消除的能力消失时，细胞获得“永生”，可以不受控制地不断地分裂，这就演化成癌症。我们的机体有许多机制来阻止细胞癌变，并替换受损的组织。然而辐射所带来的损害可以严重搅乱机体中的这些机制，从而让癌症风险大大提高。此外，如果机体不能很好地修复辐射带来的对化学键的破坏和改变，我们的基因有可能会产生突变。这些突变不但增高自身的癌症风险，还有可能被传递下去，使得辐射的作用在子孙身上展现出来。这些作用包括较小的头部与脑部、眼部发育缺陷、生长缓慢和严重的认知学习缺陷。

（本篇作者　秦鹏昊）

核袭击下的个人防护技能

教学分析： 核武器防护是“三防”教育的重要内容之一，学生通过掌握核袭击时的个人防护技能，可以消除恐慌心理，增强个人防护能力，提高在核袭击条件下的生存本领。

教学目标： 学会正确的核袭击防护方法。

教学重难点： 核袭击防护动作要领。

教学方法： 讲授法、演示法、多媒体辅助教学、动作训练。

教学准备： 课件、电脑、防毒衣、防毒面具、口罩、毛巾、三角巾、系绳。

教学时长： 1 课时（45 分钟）

教学过程

一、新课导入（5 分钟）

（视频播放：日本广岛原子弹爆炸视频）

师：通过上节课的学习，我们了解了核武器的杀伤破坏因素，请同学们回忆并回答一下。

生：光辐射、冲击波、早期核辐射、核电磁脉冲和放射性沾染。

师：针对核武器的 5 种杀伤破坏因素，我们应该如何有效地进行防护呢?

生：小组讨论核袭击防护方法。

师：下面我们就一起归纳一下核袭击时的防护方法。

二、核袭击前的准备（3 分钟）

师：首先，我们要熟悉附近的人防掩蔽工事的位置、入口标志和紧急疏散路线。

其次，我们要准备好一些简易的防护用品（如口罩、雨衣、被单等）及生活用品，掌握简易防护器材的使用方法。

三、核袭击时的防护（18 分钟）

（一）人防工程防护方法

师：1946—1958 年，美国军方共在比基尼环礁试验了 23 枚原子弹和氢弹。美军实验过后很多年比基尼环礁的动物稀少，后来科学家监测发现，在比基尼环礁较早恢复活跃的动物是老鼠。研究发现老鼠除了生命力顽强外，生活在地下洞穴中是其得以在残酷的核武器实验条件下生存的主要原因。因此，当我们面临核袭击时，最好的防护措施就是进入地下人防工程。

当我们听到核袭击警报时，应当立即切断电源，关上煤气、关闭门窗、放下窗帘，携带好个人防护器材和生活必需品，迅速有序地进入人防工程。

师：如果在室内来不及进入人防工程怎么办呢？

生：小组讨论回答。

（二）室内人员防护方法

师：室内人员发现核爆炸闪光后，立即利用坚固的建筑空间和家具，保护身体重要部位，要避开玻璃门窗或高大柜架，以减少碎片杀伤或砸伤。可以靠在墙根、屋角或床下、桌下卧倒或蹲下进行防护。

动作要领是双手十指交叉，手心向内，把手放于后脑，头部夹于两臂之间，身体尽量蜷缩，暂停呼吸。

生：练习室内卧倒动作要领。

（三）室外人员防护方法

师：如果在室外怎么办呢？

生：小组讨论回答。

师：未能进入人防工事或其他掩蔽场所的人员，发现闪光应立即卧倒，地物较大时横向爆心；地物较小时面向爆心；无地物时背向爆心。

发现闪光后双手交叉垫于胸前，面部夹于两臂之间，双肘前伸支起，两腿并拢夹紧，闭眼闭口憋气 15—20 秒。

生：练习卧倒动作要领。

师：如果是正在行驶的车辆，驾驶员应立即靠边停车，将身体弯状或卧伏于驾驶室内，乘车人员应尽量卧倒或低头把住车上椅背。

四、核袭击后的防护（17 分钟）

（一）在沾染区的人员防护方法

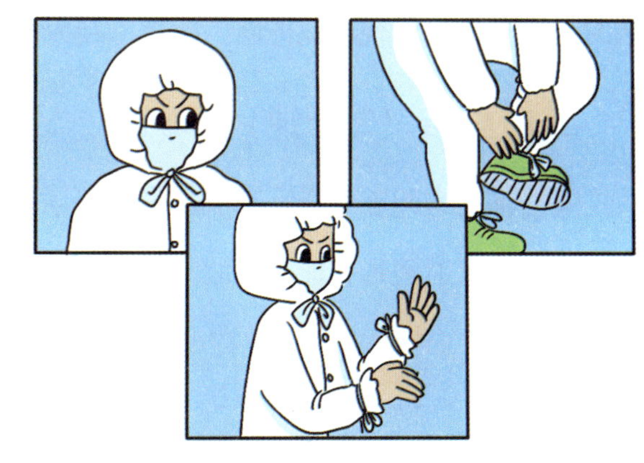

师：核爆炸以后，蘑菇云中的放射性物质会在较短的时间内降落地面，为了防止吸入放射性灰尘或沾染在裸露的皮肤上，进入沾染区的人员要及时戴好防毒面具或口罩或用毛巾捂住口鼻。扎好裤口、袖口、领口（俗称“扎三口”），并用雨衣、塑料布、床罩等把裸露在外的皮肤遮盖起来。

生：训练“扎三口”。

（二）迅速撤离沾染区

师：接到有关部门的命令撤离沾染区时，人员应迅速穿戴好防护器材，扎紧“三口”，携带好衣物等生活必需品，沿指定路线撤离沾染区。要尽量垂直于风向快速通过。行进中，人员之间要保持适当距离，尽量避开草丛、瓦砾层厚和积尘多的墙根、洼沟，走硬地面防止扬起的灰尘沾染到后面人员。

沾染区内严禁坐、卧和脱下防护器材，禁止吸烟、吃食物、喝水和饮料。乘车撤离时，要关闭车窗，盖严篷布，加大车距，车上人员不要随便下车。

师：撤离沾染区后，我们应该如何清理身上的放射性灰尘呢？

生：小组讨论回答。

（三）消除放射性沾染的措施

师：我们应站在上风方向，利用扫帚、树枝等自行或采取相互扫刷、拍打、抖动的方式除去沾有的放射性灰尘。然后小心解开“三口”，用蘸有肥皂水的棉球擦拭防毒面具外表面，用抹布蘸水擦拭或用鞋刷来消除鞋上沾有的放射性灰尘。脱去面具或口罩，用清水和肥皂洗消头部和颈部，清洗鼻腔、漱口，擦洗耳廓。无水时，用干净毛巾或纱布等擦拭，擦拭时应从上到下，顺着一个方向进行。擦拭一次，将毛巾或纱布翻叠一次，防止重新沾染。

生：两人一组练习清理放射性沾染的方法。

师：如果粮食、蔬菜、饮水沾有放射性灰尘怎么办？

生：小组讨论回答。

（四）对被沾染的粮食、蔬菜和饮水消除的方法

师：包装完好的粮食，可用扫除、拍打的方法除去放射性灰尘。包装不严密的粮食，要除去表层后，再用清水淘洗 2—3 次。若蔬菜、水果受沾染，要用清水反复冲洗或剥皮的方法进行消除。若饮用水受到沾染，可用土壤净化、过滤或吸附凝沉的方法进行净化处理。若误食受沾染的食物和水时，可遵医嘱尽快采取催吐、洗胃、利尿等方法。

五、总结（2 分钟）

本节课重点学习了核袭击时的个人防护动作要领。天下虽安，忘战必危！希望同学们在战时遭到核袭击或平时遭遇核泄漏事故时，要消除恐慌心理，做好个人防护。

课堂练习

一、选择题

1. 人员在沾染区行动时，正确的做法是（　　）。

A. 随意脱下防护服　　B. 吃东西、喝水、吸烟

C. 乘车撤离时开车窗通风　　D. 选择沾染较轻的路线

正确答案：D

2. 核袭击时，室内人员躲避方法哪种是不正确的（　　）。

A. 躲在坚固的家具附近或床、桌下　　B. 躲在内墙的墙根、墙角

C. 躲在厨房、储藏室开间小的地方　　D. 躲在窗户、吊灯等光亮处

正确答案：D

3. 在组织人员进入人防工事躲避空袭时，禁止带入的是（　　）。

A. 证件和手电筒　　B. 防护器材　　C. 食品和药品　　D. 汽油和柴油

正确答案：D

4. 对放射性沾染的防护要求扎紧“三口”。“三口”指的是（　　）。

A. 领口、袖口、裤口　B. 袖口、裤口、鞋口　C. 领口、鞋口、裤口　D. 领口、袖口、鞋口

正确答案：A

5. 以下可以对核袭击提供一定防护的设施是（　　）。

A. 露天足球场　　B. 地铁　　C. 地下室　　D. 山洞

正确答案：BCD

6. 通过放射性物质沾染区时要注意的防护方法有（　　）。

A. 识别放射性沾染地域边界标识牌

B. 沾染区的人员要及时戴好防毒面具或口罩，扎好“三口”，用雨衣、塑料布、床单等把裸露皮肤遮盖起来

C. 在食物和水源可能受到污染的区域，要根据具体情况控制饮食

D. 尽量垂直于风向快速通过

正确答案：ABCD

7. 下列器材属于防护器材的是（　　）。

A. 过滤式防毒面具　　B. 护目镜　　C. 简易滤毒筒　　D. 防毒手套

正确答案：ABCD

二、简答题

1. 如何撤离沾染区？

2. 消除放射性沾染的措施有哪些？

知识拓展

氢弹之父——于敏

于敏（1926—2019），核物理学家，中国科学院院士，“两弹一星功勋奖章”得主、国家最高科学技术奖获得者、改革先锋奖章获得者、“共和国勋章”获得者。

于敏一直从事核理论研究工作。他受命于危难之际，28 年隐姓埋名，填补了中国原子核理论的空白，并在我国氢弹原理突破中解决了一系列基础问题，提出了从原理到构形基本完整的设想。此后，又长期领导我国核武器理论研究、设计，解决了大量理论问题。

在没有任何参考资料的条件下，于敏带领团队从头开始进行氢弹的研究。在当时，美国与苏联已成功研究出氢弹，而法国正在大力研究氢弹，为了使我国的氢弹能够赶在法国之前研究出，于敏团队在十分简陋的技术和条件下，加快科研探究。1967 年 6 月 17 日，罗布泊沙漠深处，蘑菇云腾空而起，一声巨响震惊世界。新华社对外庄严宣告：中国第一颗氢弹在西部地区上空爆炸成功！从第一颗原子弹爆炸到第一颗氢弹试验成功，美国用了 7 年多，苏联用了 4 年，中国仅用了 2 年 8 个月。

在氢弹的储存上，我国成功研究出于敏构型，这是当前两大氢弹构型（美国的 Teller-Ulam 构型和中国的于敏构型）之一。根据官方公布的资料，于敏构型能够更长久地储存氢弹。其后，于敏与其科研团队，再度对氢弹进行升级，为我国的国防事业做出了巨大的贡献。

（本篇作者　张　玲）

学会核防护，防患于未然

教学分析： 随着科学技术的不断进步，有关“核”的知识和新闻不断进入我们的生活，人们对“核”有了一定的了解。在现代战争中，核威胁时常充斥其中。面对这些问题我们有必要进一步了解有关核的知识，学习一些基本的核防护知识和技能，在核袭击时保护自己，防患于未然。

教学目标： 了解并掌握空袭警报信号的识别方法，熟练掌握核爆炸时的防护动作和基本技巧及空袭防护措施。

教学重难点： 防空警报信号的识别方法，熟练掌握核爆炸时的防护动作和基本技巧，以及空袭防护措施。

教学方法： 讲授法、练习法。

教学准备： 课件、多媒体等。

教学时长： 1课时（45分钟）

教学过程

一、新课导入（3分钟）

师：大家知道吗，1945年8月，美国B-29轰炸机分别在日本广岛和长崎各投下一枚原子弹。原子弹发出十分强烈的令人目眩的白色闪光，接着发生了山崩地裂般的大爆炸。顷刻之间，翻滚着的暗黑色烟幕笼罩了整个城市，千百根火柱上下飞蹿，高温的火焰吸引着四周的空气，形成了无法防避的“暴风火”，广岛、长崎随即化为灼热的地狱，将一切摧毁殆尽！令人恐怖至极！（使用课件展示日本广岛核袭击的情景）

面对这样的袭击，我们应该采取怎样的防护措施？

二、空袭警报信号的识别（10 分钟）

师：空袭是现代战争的主要手段。由于现代空袭作战来势突然，因此，熟知防空警报信号是实施防护的重要前提。同学们，谁能为大家介绍一下防空警报？

生：……

师：很好。下面我们来回顾一下防空警报信号（打开防空警报信号音频，学生先听而后进一步明确）。

预先警报：鸣 36 秒，停 24 秒，反复 3 遍为一个周期，时间 3 分钟。预先警报是预先告知城市居民，敌人可能对城市进行空袭，告诫人们提前做好防空袭的各种准备。

空袭警报：鸣 6 秒，停 6 秒，反复 15 遍为一个周期，时间 3 分钟。空袭警报是在敌机或其他空袭兵器已经临近城市上空，空袭行动即将或已经开始时鸣放的，通知人们迅速采取掩蔽等防护措施，以躲避空袭。

解除警报：连续鸣响 3 分钟。解除警报是告知人们空袭情况已经解除，可以按照防空袭计划进行清理和消除空袭后果的工作，同时可以恢复城市的正常生产和生活。

师：现在，我们来练习一下。老师播放防空警报信号音频，大家辨别是哪一种？进行抢答比赛，看哪个小组掌握得更好？

三、核袭击防护动作和基本技巧（20 分钟）

（一）什么是防护

师：当核爆炸或核泄漏事故发生时，我们应该采用怎样的措施来保护自己呢？请大家谈谈自己的认识。

生：……

师：很好。大家都能说出一些保护自我的具体方法，但是还不够规范标准。下面我们学习一下防护动作和基本技巧。

（二）核武器杀伤破坏因素的防护

师：当我们一旦发现爆炸闪光、烟雾聚起，遭遇核武器袭击时，室内室外人员必须在杀伤破坏因素到达之前，迅速准确地做完防护动作，以求生存机会。那么，什么样的防护动作才是迅速、准确、有效的呢？我们可以根据核爆炸的杀伤破坏因素有针对性地采取防护措施，抵消或减轻伤害。

1. 对光辐射的防护

光辐射（又称热辐射），是核爆炸时的闪光及高温火球辐射出来的强光和热。具有大量热能，直接照射，无隐蔽人员会造成烧伤。如果用眼睛看核爆炸的火球，会造成眼底烧伤。在爆炸中心附近人员吸入被光辐射加热的空气，会造成呼吸道烧伤。光辐射能引起大面积火灾，烧坏物体，同时造成人员的间接烧伤。

避。闪光是光辐射的第一阶段能量释放形式，约有99%的光辐射能量是这个阶段释放出来的，它可造成人员的皮肤烧伤、视网膜烧伤和物体着火。因此，在发现耀眼的核爆炸闪光后，要立即采取防护动作，避开光辐射的直接照射，迅速完成隐蔽动作就可以减轻或防止光辐射烧伤。

埋。采取措施使物体表面受到覆盖的保护，免受光辐射直接照射。如用黄泥、白石灰、防火漆、防雨帆布、玻璃纤维聚氯乙烯盖布等将物体预先盖起来。

消。就是落实消防措施，要求在爆前重视清除易燃物等防火措施，在爆后及时消灭引燃物，全力扑灭明火。

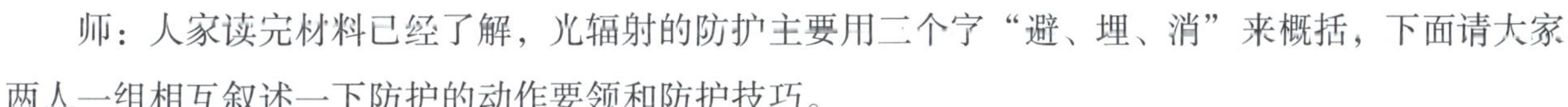
师：大家读完材料已经了解，光辐射的防护主要用三个字“避、埋、消”来概括，下面请大家两人一组相互叙述一下防护的动作要领和防护技巧。

2. 对冲击波的防护

冲击波的传播速度比光辐射慢得多，闪光之后要经过一段时间才能到达不同的距离处，因此，看到闪光后立即隐蔽就可能避免或减轻冲击波引起的损伤。

（1）卧倒。在开阔地带，当人背向爆心卧倒时，成人的受风面积约为站立时的1/7，儿童的受风面积约为站立时的1/5。且卧倒时，人体重心降低，减少了被冲击波抛射造成损伤的可能。如果突然发现闪光，身边无任何可利用的地形地物，这时应立即迅速背向爆心就地卧倒。身边有可利用的地形地物时，可组织人员利用土堆、花坛、墙根等，沿墙线迅速卧倒。有条件时，可利用地下室、地下过街道、隧道和人防工事防护。

（2）避免间接伤害。在城市和各种大型居民地的建设中，应重视对建筑物的加固。在战时，门窗玻璃用胶带贴成“米”字形，以防止被冲击波打碎后到处飞散。注意固定好不稳定的物体。

（3）快速采取防护措施。当感觉到爆炸时，所剩的防护时间极其有限，此时人员应采取的行动是立即就地卧倒。

师：大家知道冲击波的传播速度比光辐射慢得多，闪光之后要经过一段时间才能到达不同的距离处，那么，看到闪光后我们应该怎样隐蔽才可能避免或减轻冲击波引起的损伤呢？请大家两人一组相互叙述一下防护的动作要领和防护技巧。

3. 对早期核辐射的防护

看到闪光后，在1—2秒内能利用地形地物进行掩蔽，至少可使人员免受约50%的早期核辐射γ照射量。γ射线和中子通过任何介质时，其辐射的强度都有不同程度的减弱。因而，对于早期核辐射的防护，最有效的措施是在核爆炸前进入人防工事，其次是尽快利用地形地物进行掩蔽。另外，也可用药物进行防护。

4. 对核电磁脉冲的防护

核电磁脉冲主要是对电气、电子设备有较大的破坏作用，一般不会对人体有什么伤害。对它的防护措施与防雷击、防大气干扰相似，多采用电子屏蔽的方法进行防护。

5. 对放射性沾染的防护

核爆炸后，蘑菇状烟云中含有大量放射性灰尘，当烟云随风扩散时，放射性烟尘因重力作用，逐渐降落到地面或其他物体上，形成一个很大的放射性沾染区。放射性沾染程度不仅受气候条件的影响，同时也与爆炸方式有关，地爆时放射性沾染严重，沾染范围广，持续时间长。放射性灰尘能放出对人体有害的射线。

及时采取防护措施，如穿上防护服装或雨披、斗篷，戴口罩，防止落下灰粒子直接沾染在皮肤上，减少受照剂量。在烟云到达后的最初1—2天内在人防工事或房屋内躲避。

要正确辨识沾染区标志，选择最佳路线撤离沾染区。撤离前或进入沾染区前，注意把领口、袖口和裤口扎紧，戴上口罩，采取简单防护措施。

师：大家读完材料，对放射性沾染的防护有了具体了解，那么在核袭击时如果不能及时防护，而受到放射性沾染会是什么样子呢？日本福岛核泄漏后导致许多物种变异，由此可见，我们必须高度重视核袭击时对自身的防护。

四、防空袭应注意的问题（10 分钟）

（一）临战准备阶段

当接到敌人可能发动战争并对城市进行空袭的预先通报后，各机关、厂矿、团体和学校应对原有的防空洞、掩蔽部、半地下室等设施进行检查，有积水的要排除积水，需要清理加固的应尽快进行清理加固。对通风、过滤、密封、照明装置进行认真检查，确保能正常使用；熟悉防护工程内部结构、周围环境、行走路线，以便遭敌空袭时，能有秩序地组织所属单位人员和在校学生进入防空掩蔽部。

（二）空袭阶段

（1）在室内的人员和居民，应尽量到附近的地下室、楼房底层、走廊或钢筋混凝土楼梯下等跨度较小的坚固建筑物内隐蔽。不可站在露天或窗口观望，以免被震碎的玻璃打伤或被弹片击伤。

（2）在街道上的行人，当获悉空袭信号时，要尽快离开危险房屋、高压电线、易燃易爆等危险品，就近迅速向地下室、地铁车站等较为安全的地带转移。

（3）凡在市内行驶中的公共汽车、电车及其他车辆，得知空袭信号后，应立即靠边停止运行，进行疏散隐蔽。司机要把车辆驶到马路支线停放，以免影响消防、救护及紧急车辆的行驶。载有危险物品的车辆，要行驶到远离楼房住宅的安全地带停放。

（4）厂矿、企业、机关、商店、影剧院及车站码头的人员，除必须坚守岗位的人员外，听到空袭信号后要镇定自若，听从指挥，就近隐蔽。

（5）在郊外空旷地带的人员，在听到空袭信号后，要选择就近便于隐蔽的低洼地、路沟、地坑、大树下疏散隐蔽。如果发现敌机或导弹将在你附近投下或爆炸时应迅速就地卧倒。卧倒时面部向下，掩住耳，张开口，闭上眼，胸和腹部不要紧贴地面，以防震伤内脏及头部器官。当听到炸弹发出“嘘……”声时，表明炸弹已接近地面，采取上述措施，可以减少对人员的杀伤。

五、总结（2 分钟）

师：今天学习的内容重点是熟练掌握核袭击时防护的动作要领以及空袭防护措施。课下还需要同学们进一步巩固学习，提高防护能力，保护自我不受伤害，回家后大家可以把这些知识讲给家人听，进行知识普及。

课堂练习

一、选择题

1. 下列说法不正确的一项是（　　）。

A. 预先警报鸣 36 秒，停 24 秒，反复 15 遍为一个周期，时间 3 分钟

B. 空袭警报鸣 6 秒，停 6 秒，反复 15 遍为一个周期，时间 3 分钟

C. 解除警报连续鸣 3 分钟

正确答案：A

2. 对放射性沾染的防护和对生物武器的防护都要求扎紧“三口”。“三口”是指（　　）。

A. 领口、袖口、裤口

B. 袖口、裤口、鞋口

C. 领口、裤口、鞋口

正确答案：A

3. 下列有关光辐射的说法不正确的一项是（　　）。

A. 光辐射的防护重点是对眼睛、呼吸道、皮肤的防护

B. 任何不透明的物体对光辐射都有阻挡作用

C. 光辐射时，闪光不会造成人员的皮肤烧伤、视网膜烧伤和物体着火

D. 皮肤的防护，最好用浅色衣物将暴露的皮肤遮盖起来

正确答案：C

4. 下列有关放射性沾染的说法不正确的一项是（　　）。

A. 放射性沾染通过三种途径作用于人体：外照射、皮肤沾染、内照射

B. 要正确辨识沾染区标志，选择最佳路线撤离沾染区

C. 在沾染区内，不要在地上坐、卧，避免接触沾染物体

D. 对沾染区内的食品不必进行检查，可以直接食用

正确答案：D

二、简答题

1. 在开阔地带人员的核防护动作是什么？

2. 对放射性沾染的防护内容有哪些？

知识拓展

“两弹一星”元勋钱学森：为导弹事业保驾护航

钱学森，世界著名科学家，空气动力学家，中国载人航天奠基人，中国科学院及中国工程院院士，“两弹一星功勋奖章”和“国家杰出贡献科学家”荣誉称号获得者。长期担任中国火箭和航天计划的技术领导职务，为促进中国航天技术、系统科学和系统工程发展做出过巨大贡献，被誉为“中国导弹之父”“中国航天之父”和“火箭之王”。

1991年，钱学森被授予“国家杰出贡献科学家”的称号，直到今天，我国只有钱学森一个人获得这个荣誉称号。

1950年8月23日，钱学森辞去美国加州理工学院教授的职务，来到五角大楼与时任美国海军部副部长丹尼·金贝尔辞行，告诉他将要偕妻子一起离开美国，回祖国参加航空工业建设。金贝尔闻讯再三劝说钱学森继续留在美国，甚至话里话外提醒他要三思而后行。钱学森离开金贝尔办公室之后，金贝尔马上与司法部联系说，钱学森这个人知道的事情太多了，无论如何不能让他回中国。那个时候美国非常忌惮钱学森的才学，甚至说钱学森一个人能抵得上五个师的兵力。于是钱学森就被扣在了美国，直到1955年10月1日，在我国政府的不断努力下，钱学森一家终于回到祖国。

钱学森非常注意培养人才，他从我国各个行业抽调了一批年轻的专业骨干来组建空间技术研究院。我们熟知的另一位两弹一星功勋科学家孙家栋就是其中之一，当时和他一起来的还有一大批我们后来耳熟能详的科学家，他们被称为“航天十八勇士”。这“十八勇士”在钱学森的统领下，对我国第一颗人造卫星的研制发射发挥了极其重要的作用，做出了非常卓越的贡献。

（本篇作者　王光军）

化学武器及防护

教学分析： 化学武器是一种应用于战争的杀伤性极强的武器，在战争中给人类造成了巨大的伤亡。学习了解化学武器及其防护知识，掌握正确的防护手段和消毒、急救措施，能有效地增强中学生对化学武器袭击的自我防护能力和自救互救的能力，对平时化学事故的防护也具有积极的意义。

教学目标： 1. 了解化学武器与常规武器的区别。
2. 了解毒剂的种类及中毒症状。
3. 掌握对化学武器的防护方法。

教学重难点： 掌握化学武器防护要领。

教学方法： 讲授法、小组合作学习法、情景演练法、展示法。

教学准备： 视频、图片。

教学时长： 1 课时（45 分钟）

教学过程

一、新课导入（5 分钟）

教学提示

播放两伊战争中化学武器使用视频，向学生讲述日本侵华战争化学战。

师：在这段视频中，你看到了什么？有什么感受？你了解这种武器吗？

生：学生谈观后感；学生分享搜集的资料：讲述日本侵华战争化学战。提醒我们勿忘历史，勿忘国耻。

资料一：武乡西营惨案

1938 年 4 月 15 日，日军在围攻晋察冀抗日根据地时，在山西制造了骇人听闻的武乡西营惨案。他们大肆杀戮平民 226 人。当 70 多名百姓逃入一个山洞躲避时，日军发现后，将毒瓦斯注入，把他们毒死在里面。

资料二：挥之不去的梦魇

2004 年 7 月 23 日，吉林敦化市莲花林场的一名男孩在玩耍中用木棍将捡到的炮弹捅开，结果有毒液体灼伤了他和伙伴。据有关专家介绍，这种化学毒气炮弹为日本侵华战争遗弃的芥子气毒气弹。芥子气是一种毒性极强的糜烂性毒剂，被称为“毒气之王”。

师：（展示图片，进行小结）人类应用有毒的化学物质的历史由来已久。第一次世界大战期间，化学武器作为一种新式武器被投入战场并大规模使用。其始作俑者，是德国著名化学家弗里茨·哈伯。在这场战争中，化学武器造成了 127.9 万人伤亡，其中死亡人数 9.1 万人，约占整个战争伤亡人数的 4.6%。战争结束后，世界各国呼吁，要求遏制这种恐怖致命的大规模杀伤武器。但是，罪恶并未停止。化学战在第二次世界大战、日本侵华战争、朝鲜战争、越南战争、两伊战争中愈演愈烈。由于其研制、装备费用和所需的技术水平相对较低，因此，备受一些无力研制和生产核武器、生物武器的国家青睐，被称为“穷国的原子弹”。

毒气作为化学武器使用始于第一次世界大战

化学武器袭击的残酷触目惊心。面对袭击，我们应该如何来保护自己，救助他人？这节课我们就一起来认识化学武器，学习防护方法。

二、认识化学武器（15 分钟）

（一）化学武器概念

在战争中以毒性杀伤人、畜，破坏植物的化学物质叫作军用毒剂（简称毒剂），装有毒剂并能施放毒剂的武器、器材统称为化学武器。包括装有毒剂的炮弹、炸弹、火箭弹、导弹、地雷、手榴弹和飞机布洒器等。

化学武器标志

由于化学武器是用化学工业品合成的毒剂侵入人体，杀人于无形，因此，化学武器素有“无声杀手”之称。

例如：越南战争——美军使用一种名为橙剂的落叶剂，可使双子叶植物树叶掉落，从而发挥美军的空中优势。橙剂能对人体造成极大损伤，大量越南人因此染上怪病，壮年人早逝，婴儿畸形，涉及人数达 500 万人，被污染的土地多年不能使用。

（二）化学武器特点

比较内容	一般武器	化学武器
中毒途径	无	多。通过呼吸道吸入、皮肤渗透、误食染毒食品、饮水等多种途径使人员中毒。
杀伤范围	一定区域内	大。染毒空气可随风飘散且无孔不入，所经之处都有杀伤作用，杀伤率可达 50%—90%。
作用时间	短	长。毒害作用可持续几小时或几天，甚至更长的时间。
主要杀伤对象	建筑物、武器和人员	人员。主要对人的肌体造成伤害。
制约因素	少	多。受气候和地形、地物的影响较大，有很大的使用局限性。

（三）毒剂的分类

我们已经学习了化学武器的毒剂分类、毒害作用和中毒道理。同学们都知道，军用毒剂种类很多，按毒害作用分为六大类：神经性毒剂、糜烂性毒剂、全身中毒性毒剂、窒息性毒剂、刺激性毒剂和失能性毒剂。今天，我们重点学习防护急救措施。

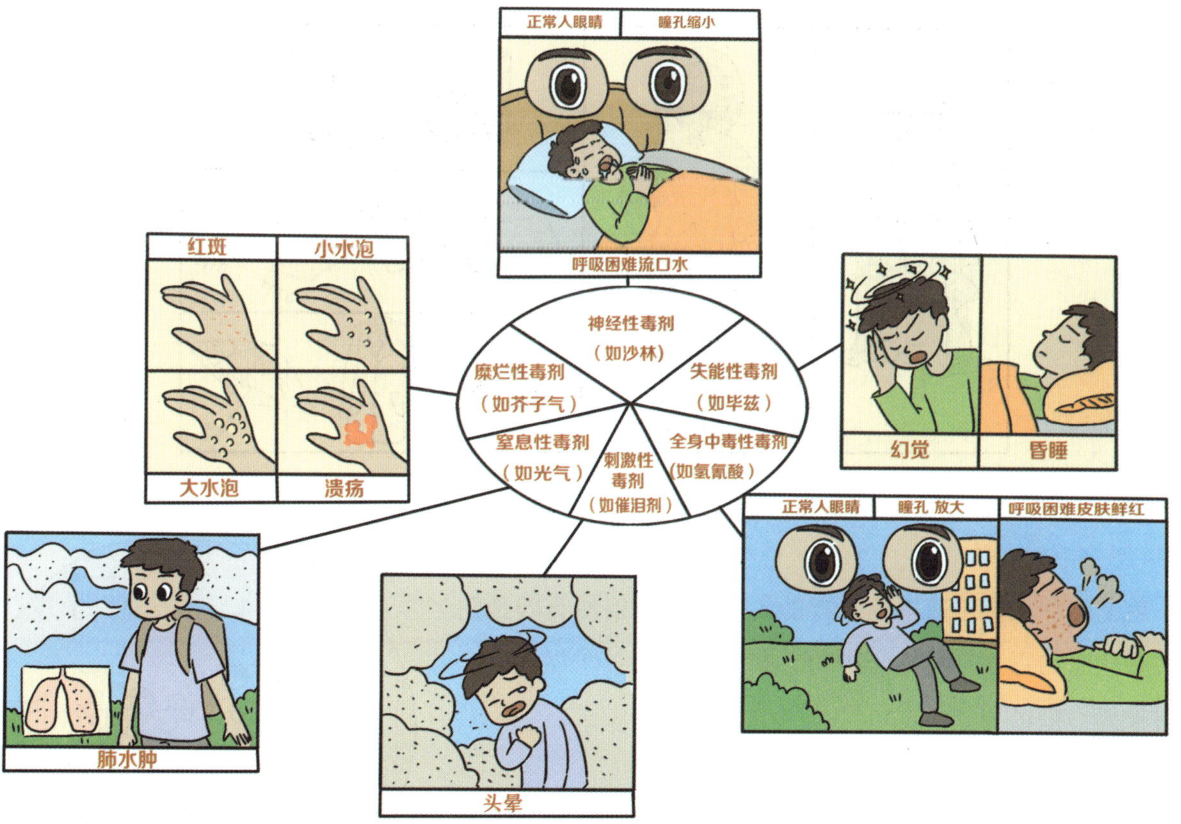

各类毒剂杀伤途径及征候

三、对化学武器的防护及其急救措施（20 分钟）

（一）化学武器的防护

1. 化学武器出现时的异常现象

师：毒剂弹爆炸时出现浓密灰白色烟云，炸弹爆声低沉，在弹坑附近地面或植物上有油状物体。

敌机布洒毒剂时，通常低飞，机翼下面喷出烟雾，飞机经过的地面和植物上可见油状液体。动物、植物变化异常。

2. 小组交流

师：请同学们根据化学武器的特点及遭受袭击时的异常现象，请大家 4 人一小组讨论防护依据和原则。

3. 防护

师：化学武器的防护分为个人防护和集体防护。

（1）个人防护

主要包括呼吸道防护、皮肤防护和面部防护。

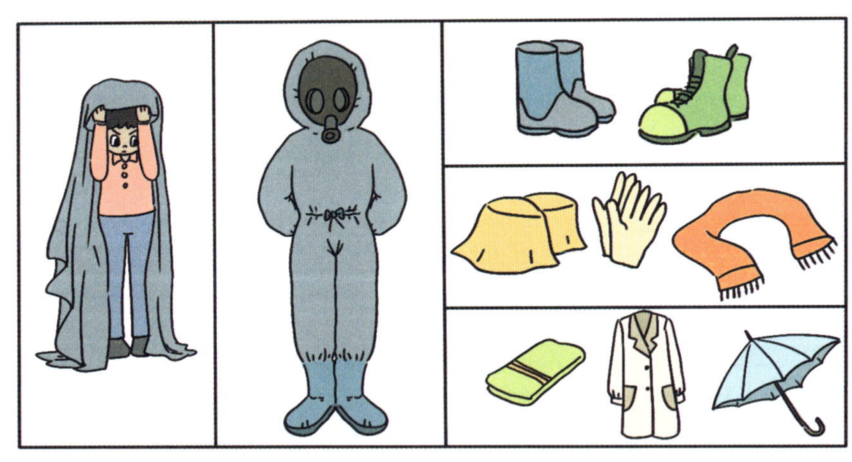

呼吸道防护　　皮肤防护

（2）集体防护

就是组织人员迅速进入就近的人防工事，以便有效地防护各种状态的毒剂，集体防护的方式主要包括：①撤离——及时撤离污染区

②消毒

人体消毒

对服装的消毒

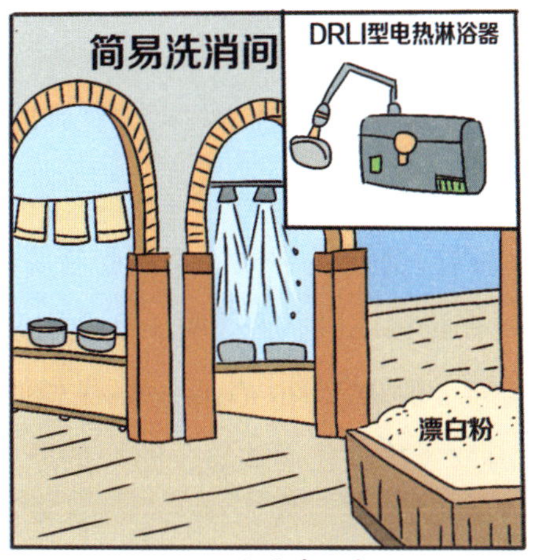

民防工程内消毒设备

对建筑物的消毒

对水的消毒

对食物的消毒

（二）急救措施

按照先自救后互救的原则进行救护。

互救时：将中毒人员撤离现场，放置在能吸入新鲜空气的区域，保持中毒人员安静、温暖；对昏迷不醒者应注射强心剂。不可用人工呼吸法急救染毒伤员。

小结：化学武器的防护其实就是一个防毒的过程。防毒的基本原理也就是设法将人体与毒剂隔绝，同时，保证人员呼吸到清新空气。

（三）模拟演练

1. 思考：在平时遇到化学物质泄漏时，身边没有专业的防护工具，你该怎么办？
2. 学生热烈讨论，形成答案。
3. 学生演练操作。

师：当身边没有专业的防护工具时，可以就地取材。用雨衣、油布、塑料布、帆布、棉被、毯子等遮住身体，戴上橡胶手套或皮手套，穿上雨鞋，尽量减少有毒有害物质与皮肤的直接接触。情况允许时，可立即进入掩蔽工事，关闭密闭门。

四、签署《禁止化学武器公约》（5 分钟）

侵华日军遗留的化学武器给许多中国人带来伤害，我国遭受化学武器直接伤害者已达 2000 余人。为了使世界上没有战火，没有硝烟，1989 年 2 月，在法国巴黎召开了有 149 个国家和地区代表参加的禁止化学武器大会。1993 年 1 月 13 日签署了《关于禁止发展、生产、储存和使用化学武器及销毁此种武器的公约》。1997 年 4 月 29 日生效。中国是《禁止化学武器公约》的原始缔约国。

课堂练习

一、填空题

1. 化学毒剂的杀伤途径主要有（　　　　）、（　　　　）、（　　　　）。

正确答案：呼吸道吸入　皮肤渗透　误食染毒食品

2. 撤离染毒区时，应选择的路线是（　　　　）。撤至安全区时应该进行（　　　　）。

正确答案：往逆风方向的高处撤离　脱去污染衣物，及时进行洗消，必要时去医院检查

二、简答题

你通过哪些外观景象可以判断化学毒剂和有毒物质的布撒？若此时没有防毒面具等器材，你如何对呼吸道、眼睛、皮肤进行防护？

知识拓展

化学武器的发展趋势

未来，二元化学武器将成为化学武器的主要趋势。

所谓二元化学武器，就是将两种以上相对无毒或低毒的化学试剂，分别装在同一弹体内，随着弹丸的飞行，两种物质充分混合，发生化学反应而产生高毒性。

二元化学武器不使用专门工厂制造的毒剂成品，它的前体大都是储存稳定良好的普通试剂，既方便储存，又安全稳定，平时为民用的普通制剂，一旦战时需要即可迅速转为军用，具有更强的隐蔽性。有些国家也在研制毒性更高、作用更快、渗透性更强的毒剂。

另外，除工业、农业、医用化学品外，也发现了新的“毒源”，例如从贻贝中提取的海藻毒素可制成毒针，被刺中后，15 分钟死亡。现已测出其分子量为 372，正在测定其分子结构并研究大规模合成的方法。

（本篇作者　王丽娟）

认识生物武器，做好个人防护

教学分析： 人民防空教育是国防教育的重要内容，开展人民防空教育能让我们掌握人民防空的基本知识和技能，在战争空袭和灾害事故来临之时能减少或避免伤害。生物武器是三种大规模杀伤性武器的一种，它可以通过空袭的方式进行袭击，对人员会造成重大伤亡。本节课的内容主要介绍有关生物武器的知识和对生物武器的防护，对学生了解生物武器和如何防护具有重要的意义。

教学目标： 1. 使学生了解生物武器、使用方法、危害及特点；学习对生物武器的防护措施。

2. 培养学生平时和战时的自我防护能力。

教学重难点： 对生物武器的防护措施；对生物战剂气溶胶的防护。

教学方法： 启发式、讨论式教学。

教学准备： 课件、多媒体。

教学时长： 1 课时（45 分钟）

教学过程

一、新课导入（5 分钟）

师：同学们，今天我们来学习生物武器及其防护的动作要领。

生：……

师：进入 21 世纪以来，我国先后暴发了两次大规模病毒传播。2003 年，暴发了“非典”疫情（也称 SARS 事件）。这起疫情于 2002 年在中国广东顺德暴发，并由广东传播到北京、天津、河北、山西、内蒙古、香港、澳门等多个地区，进而扩散至东南亚乃至全球，造成了包括医务人员在内的多名患者死亡，在一定程度上引起了社会恐慌。直至 2003 年中期，疫情才被逐渐消灭。

2020 年春节，湖北武汉暴发新型冠状肺炎疫情。该病毒潜伏时间长达半月左右，且在潜伏期内无明显症状反应，加之春节人口流动大等不利因素，防控难度很大。国家采取了延长假期、居家隔离、组织救援力量驰援湖北武汉等举措，使疫情得到了良好控制。在这次病毒传播扩散中，世界多个国家和地区不同程度地出现了发病人员。

师：20 世纪 30 年代，德国、日本研制出在战争中使用的致病性很强的微生物及毒素，使对方传染病流行，达到伤害人、畜，毁坏农作物的目的。这就是第三种大规模杀伤性武器——生物武器。

生物武器靠散布毒剂或致病微生物，杀伤人畜和引起人、畜疾病流行或死亡，也使农作物遭受损失，从而削弱对方战斗力，破坏战争潜力。

生物武器标志

二、历史上的生物武器（5 分钟）

介绍在世界战争历史上，生物武器被两次使用的典型案例。

在世界战争历史上，生物武器曾被多次使用，造成了非常严重的伤害。有文字记载并被确认的第一次使用是发生在 1346 年黑海附近热亚那地区的法卡要塞，当时游牧民族鞑靼人围攻法卡要塞，由于要塞城防坚固，鞑靼人久攻不下，伤亡惨重，后来鞑靼人想到利用附近地区刚刚得黑死病死去的病人尸体投入要塞，使要塞内黑死病爆发，守卫者大量得病，失去战斗能力最后被攻破城池；第二次是 1736 年英国军人亨利博克特上校将天花病人使用过的物品作为礼物，送给加拿大印第安人，这些物品包括天花病人使用过的口杯、毛毯等，印第安人使用后，造成部落内天花病大流行，许多印第安人感染了天花病相继死亡，人口大量减少，使英国顺利占领了整个加拿大地区。

师：同学们听了这两个案例有什么感想？

生：……

师：以上这两个案例方法虽然很原始，但在战争中通过烈性传染病死者尸体和传染病人使用的带菌物品传播疾病，达到了削弱对方战斗力的目的。生物武器在历次战争中均有使用，至今，一些国家和地区还在研究、贮存生物武器。

三、生物武器的概念（3 分钟）

师：什么是生物武器？

生：……

师：了解生物武器，我们先要知道什么是生物战剂。

生物战剂：用以杀伤人、畜和破坏农作物的致病微生物、毒素和其他生物活性物质的统称。

生物武器：生物战剂及施放它的武器、器材的总称。

四、生物战剂的分类（7 分钟）

（一）按形态和病理分类

师：按形态和病理可分为：细菌、病毒、立克次氏体、真菌、衣原体和毒素六类。

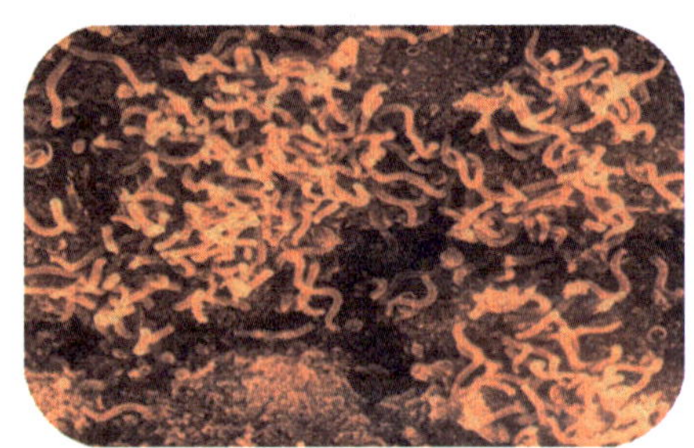

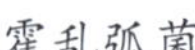

霍乱弧菌

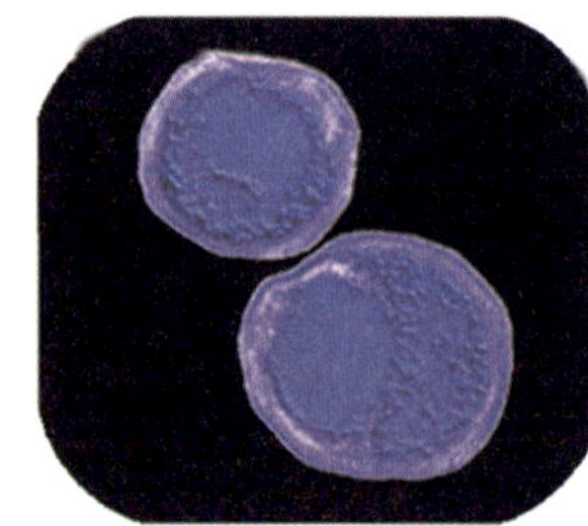

衣原体

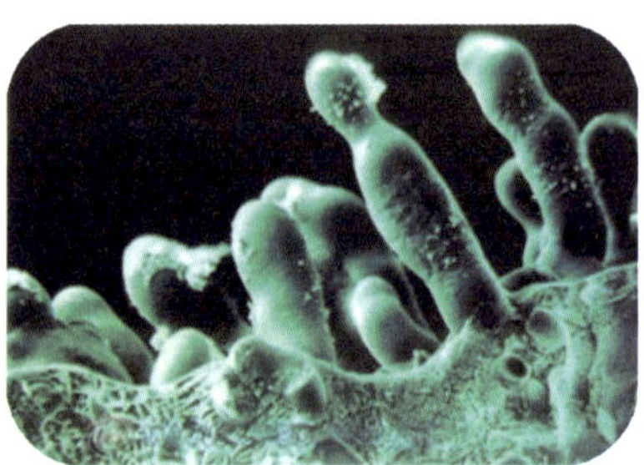

真菌

（二）按对人员的伤害程度分类

失能性战剂：使人员暂时丧失战斗力，一般不会造成死亡，病死率小于 10%。如布氏杆菌等。

致死性战剂：使人员患严重疾病，病死率高于 10%，甚至高于 30%。如鼠疫杆菌、炭疽、黄热病毒等。

（三）按是否具有传染性分类

传染性战剂：传染快，一旦流行，易形成疫区，能持续一定的时间。常用来攻击大型目标和人员密集的地区。例如：天花病毒、流感病毒、鼠疫杆菌和霍乱弧菌等。

非传染性战剂：没有传染作用，只感染接触者，常用来袭击需要攻占的对方小型目标或单人。例如肉毒毒素。

五、生物战剂的使用方法（5 分钟）

师：我们学习了生物战剂的分类，那么生物战剂如何使用呢？生物战剂可装在多种兵器和器材中使用，基本方法有以下几种：

（一）施放生物战剂气溶胶

生物战剂可以分散成微小的颗粒悬浮在空中，这种微粒和空气的混合体叫气溶胶。生物战剂气溶胶能随风传播，污染空气、地面、食物、水源等，传播范围很广，并且能够渗入无防护设施的各种工事、建筑物等，使里面的人员感染得病。

投放武器有小型炸弹、气溶胶发生器、气溶胶布洒器等类型，可由飞机、导弹、火炮、舰艇等发射。

（二）投掷带有生物战剂的媒介物

投放带生物战剂的昆虫、小动物、杂物等（例如朝鲜战争中美军用四格弹投放），可以使人感染得病。

（三）其他方法

如派遣特务直接投毒，向水源、食物、公共建筑和地下工事的通风系统直接播撒生物战剂；还有通过遗弃带有生物战剂的各种物品、尸体或遣返战俘，来传播疾病使人感染。

六、生物战剂进入人体的途径（5 分钟）

师：我们在化学武器及其防护的章节中已经了解了，毒剂进入人体的途径主要有三种，即呼吸道吸入、误食染毒食品和皮肤渗透。

生物战剂进入人体的途径与化学战剂基本相同，我们来了解一下：

（一）吸入

绝大多数生物战剂，可污染空气，通过呼吸道吸入人体，如鼠疫杆菌、天花病毒，可以通过飞沫、空气传播，再经过呼吸道进入人的身体。

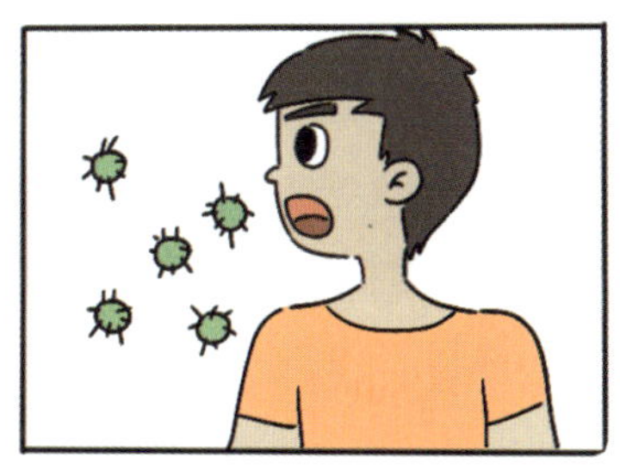

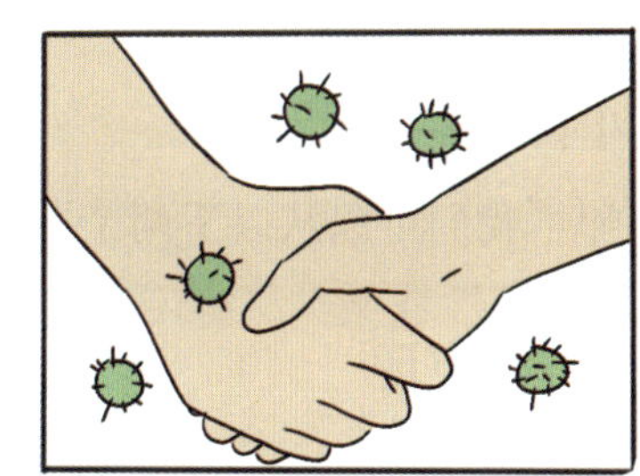

（二）误食

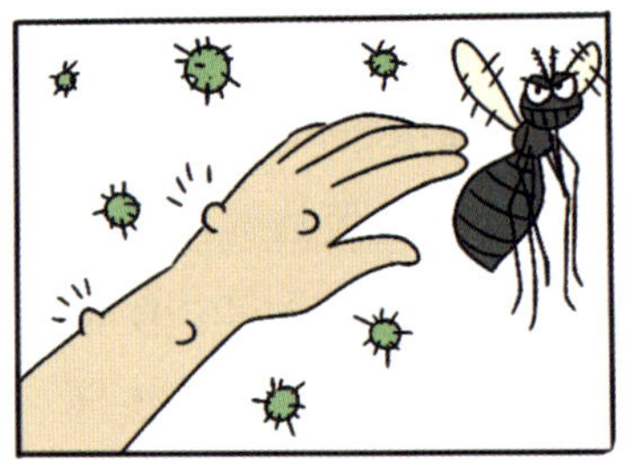

人员误食或误饮被生物战剂污染的食物或水等，经消化道进入人体，如霍乱弧菌、痢疾。

（三）接触带菌物品、人员

生物战剂可直接经皮肤汗毛孔、黏膜、伤口进入人体，对人造成伤害，如炭疽杆菌。

（四）被带菌昆虫叮咬

已感染的昆虫、小动物叮咬人员，可使生物战剂经皮肤或血液进入人体，引起疾病。

现在世界上还有一些国家和地区在研究生物武器，这与生物武器的特点有很大关系。

七、生物武器的特点（5 分钟）

师：同学们，与核武器、化学武器和常规武器相比，生物武器有哪些特点呢？

生：……

师：生物武器具有区别于核武器、化学武器和常规武器的杀伤特点：

1. 制造简单，成本低廉。
2. 致病力强，多数有传染性。
3. 传播范围广，不易被发现。
4. 有一定潜伏期，不立即产生杀伤作用。

生物武器不像其他武器那样使用后立即有杀伤效果造成非死即伤。

八、对生物武器的防护措施（10 分钟）

师：根据生物战剂进入人体的途径和生物武器的特点，大家想一想我们如何对生物武器进行防护呢？

生：……

师：我们可以从以下两个方面来防护生物武器。

（一）发现

敌人使用生物武器时，一般会出现一些异常现象，及时发现可减少或避免其危害。

1. 施放现象

过去主要利用飞机投弹，施放带菌昆虫。在科技发达的现代社会，将主要利用飞机、舰艇携带喷雾装置，在空中、海上施放生物战剂气溶胶；或将生物战剂装入炮弹、炸弹、导弹内施放，爆炸后形成生物战剂气溶胶。

2. 地面状况

地面有特殊容器及弹壳、弹片；弹坑表浅，周围有粉末或水珠残迹；昆虫、小动物出现的数量与季节、场所反常等。

3. 发病情况

在短时间内发现大批症状相同的病人、病畜；发生当地少见的疾病或出现发病季节反常等现象。

（二）防护措施

1. 对生物战剂气溶胶的防护

生物战剂气溶胶主要通过呼吸道感染人体，可以使用各类制式防毒面具，比如军用、警用及医用防毒面具，也可以用口罩，都可以有效地阻止致病微生物和毒素进入呼吸道，感染疾病。

2. 防止人体表面污染和昆虫叮咬

各种制式的防护服、防护器材，可以有效地保护人体表面不受污染或避免昆虫的叮咬。在紧急情况下，可以就地取材，利用雨衣、塑料布等进行体表防护。穿戴防护器材时注意扎紧领口、袖口、裤口，暴露的皮肤必须涂抹驱蚊药水等，防止昆虫叮咬。

3. 注射防疫针

根据可能使用的生物战剂的类型，提前进行防疫注射，这对大多数生物战剂都有明显的效果。

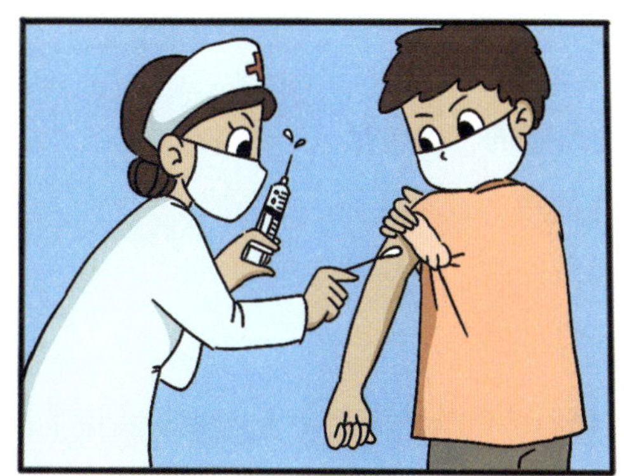

生物武器对人体的侵害通俗地讲就是使人生病。养成良好的个人卫生习惯，能够杜绝大多数有害微生物进入人体。

强健的体魄，旺盛的生命力，能有效地增强身体免疫力，抵御各种疾病和生物武器的侵害，所以，我们一定要加强体育锻炼。

课堂练习

一、填空题

1. 生物战剂及施放它的武器、器材的总称为（　　　　）。

正确答案：生物武器

2. 生物战剂按是否具有传染性分为：（　　　　）、（　　　　）。

正确答案：传染性战剂　非传染性战剂

3. 穿戴防护器材时注意扎紧（　　　　）、（　　　　）、（　　　　）。

正确答案：领口　袖口　裤口

二、选择题

1. 生物战剂按形态和病理可分为（　　）。

A. 细菌　　B. 病毒　　C. 立克次氏体　　D. 衣原体

E. 真菌　　F. 毒素

正确答案：ABCDEF

2. 生物战剂的使用方法可分为（　　）。

A. 施放生物战剂气溶胶

B. 投撒带生物战剂的小昆虫、小动物和其他媒介物

C. 利用炮弹、炸弹导弹等携带释放

D. 派遣特务向水源、食物、公共建筑和地下工事的通风系统直接播撒生物战剂

正确答案：ABCD

3. 生物武器的特点包括（　　）。

A. 制造简单，成本低廉　　B. 致病力强，多数有传染性

C. 传播范围广，不易被发现　　D. 有一定潜伏期，不立即产生杀伤作用

E. 不受自然条件影响

正确答案：ABCD

知识拓展

臭名昭著的日本"731 部队"

731 部队是日本侵略军细菌战制剂工厂的代号。为掩人耳目，先后叫过"加茂部队"（1933 年）、"东乡部队""关东军防疫给水总部"（1940 年 8 月改组为关东军防疫给水部，同年 12 月 2 日创立关东军防疫给水部支队，平房地区设施成为总部）等名字。

731 部队伪装成一个水净化部队，把基地建在中国东北哈尔滨附近的平房区，建有占地 300 亩的大型细菌工厂。这一区域当时是傀儡政权"伪满洲国"的一部分。一些研究者认为超过 10 000 名中国人、朝鲜人，以及联军战俘在 731 部队的试验中被害。另外，据日本作家森村诚一在《恶魔的饱食》中称，通过"特别输送"进入到 731 部队的"马路大"需要进行编号，而从 1939 年以后，进行了两轮编号，每一轮编号极限为 1500，于是在抗战结束时，共计有 3000 人死于此。但是对于数量的多少还存在争议。日本投降前夕，匆忙撤退，为毁灭罪证将工厂炸毁，大批带菌动物逃出，给当地人民带来巨大灾难。

（本篇作者　周　滨）

交通安全

交通事故与群体事故的预防

教学分析： 对青少年加强交通安全教育，不仅能为其日常学习生活保驾护航，也能确保其在战时遭敌空袭打击或平时遭遇突发灾害事故时，做到处变不乱，从容应对。学习交通安全常识，强化遵规守纪意识，养成良好的行为习惯，是学校开展素质教育的重要内容。

教学目标： 1. 罗列现象，析清事故诱因；
2. 针对问题，传授避险办法。

教学重难点： 1. 教学重点：树立遵守交通法规自觉性；
2. 教学难点：学以致用，把知识转化为自觉行动。

教学方法： 事故剖析，标志判读，动作训练。

教学准备： 投影仪、课件、歌曲、学生制作的交通标志卡片。

教学时长： 1课时（45分钟）

教学过程

一、新课导入（5分钟）

（播放《天堂里有没有车来车往》歌曲）

歌曲时长约4分钟，1分钟后，可调低音量，作为背景音乐继续播放至歌曲结束。

师：同学们，谁知道这首歌曲的创作背景？

生：……

师：这首歌根据一个真实的故事改编而来，歌曲的作者是一名人民教师，他的一个学生满怀期望地问："老师，你能为我写首歌吗？"老师点点头，微笑着答应了。然而，就在第二天，这名学生——歌曲里的小女孩却永远地离开了这个世界，把生命定格在了13岁，她死于车祸。

老师很伤心，望着那场无声的雪，写下了这首《天堂里有没有车来车往》的歌曲。

通过播放歌曲（或视频），创设教学情境，让学生感受到生命的可贵，为主题学习作好铺垫。

小结：同学们，人的生命是最宝贵的！失去永不复回。交通事故已经成了威胁人类生命的头号杀手。

世界卫生组织《2018 年全球道路安全状况报告》指出，全世界每年约有 135 万人死于交通事故，这一数据较 2015 年的上一份报告增加了 10 万人，道路交通伤害如今是 5 至 29 岁儿童和年轻人死亡的主要杀手。

今天，我们学习如何躲避“交通事故”来保证自己的生命安全。

（出示题目：中学生交通事故与群体事故的预防）

二、日常交通中的几种不良行为（10 分钟）

师：交通事故的发生，其起因无外乎有两类。一类是不守交规，侥幸冒险，恣意妄为，结果飞蛾扑火，自触霉头；第二类是貌似安分守己，循规蹈矩，实则身处险境，浑然不知，结果是祸从天降。归根结底，都是忽视了交通安全。

下面，我们先看几种因不守交规，导致事故发生的不良行为。

（一）自在逍遥派

这类同学，离开校园后，无论是步行还是骑行，在滚滚车流中，低头玩手机、耳朵塞耳机、速度像飞机，横过马路时更是不择时机。这种无视周围交通状况，把马路当成自家客厅的恶劣习惯一旦形成，极可能因对交通安全环境观察不及时，导致应变能力降低，进而发生系列险情。我们经常能看到此“派”人员撞树、碰墙、掉坑、落水的新闻，有的甚至被卷入车下。

（二）无知耍酷派

有些同学在校外时，人流中两手撒把比车技；车流中肆意穿行比速度；有的还把交通隔离带当成跨栏器械；有的以闯红灯显示与众不同；有的则以急刹飘移卖弄所谓车技。在校园里，有路不走蹦台阶、楼道嬉闹追逐跑、攀爬翻越、横冲直撞。这类同学，貌似耍酷扮帅，实则幼稚无知。其结果往往是：轻者鼻青脸肿，重者筋断骨折。

（三）亲密无间派

放学后，有些同学成群结队、勾肩搭背，有的则或骑车带人、或多人并行、或你追我赶，貌似亲密无间，实则严重挤占道路交通资源，更给自己带来严重的事故隐患。

（四）唯我独尊派

在参加大型集会时，如防空防灾疏散演练、集体参观、集体郊游等，个别同学不听从指挥，无序抢行，互相推搡，有的甚至故意在人潮中搞恶作剧，故意堵塞出口或大声喧哗，毫不顾虑他人安全，给交通出行埋下了严重隐患。有的同学在马路上玩轮滑、平衡车等，如入无人之境。

师：同学们，在这些“派”里有没有你的身影？你还见过哪些门派？

生：……

通过罗列不文明交通行为，让学生对照自查并得到警示。

三、踩踏事故警示案例（10分钟）

师：我们先来了解两起踩踏事故：

2010年11月29日，新疆维吾尔自治区阿克苏市第五小学课间操时间，学生从楼上蜂拥而下，前面的学生摔倒后引起了踩踏，楼梯扶手被挤歪，许多学生被挤伤或摔伤。事故造成123名学生受伤入院检查，41名住院学生中，有6人重伤，1人脏器严重受损。

2014年12月31日夜，上海跨年夜庆典活动中发生了重大踩踏事故，导致36人死亡，49人受伤。

同学们，频频发生的踩踏事故，给我们敲响了安全的警钟！那么，导致踩踏事故发生的诱因都是什么呢？请同学们思考一下。

生：……

师：我们可以把导致踩踏事故的诱因简单归纳为两种类型。

（一）惊慌失措型

在战时，无论是遭受空袭，或是听到远处的爆炸声、枪炮声，都会给人们的心理带来沉重的压力，人们往往会采取夺路奔逃的方法以图快速避险。但是，当人员形成密集的人流通过相对狭小的通道时，特别是处于无组织的失控局面中，极易发生拥挤踩踏。

（二）激动兴奋型

这种类型，通常发生在球场、电影院、超市等场所，人们往往会受现场气氛的感染，情绪激动，不能自持。学校的课间、集会，特别是组织防空防灾应急疏散演练等活动时，有些同学表现得过于激动兴奋，专门找人多的地方扎堆，专挑所谓“快捷”的通道越障，这也为拥堵踩踏埋下了祸根。

通过事件分析，让学生了解可致踩踏事故发生的场所、时机等，形成防踩踏意识。

四、预防交通和踩踏事故的办法（20 分钟）

（一）交通事故的预防

师：交通事故猛于虎，但交通事故也可预防。

下面，我们重点学习一下与中学生有关的交通安全规则。

1. 认识信号灯以及常用的道路交通安全标志和校园安全标志（学生出示卡片，教师讲解）；

2. 步行安全常识：在人行道内行走，在没有人行道的地方要靠路边右侧行走；

3. 自行车骑行人必须年满 12 周岁，电动自行车驾驶人必须年满 16 周岁；

4. 骑行非机动车时，不能走机动车道，不能逆向行驶，不能带人，穿过十字路口，应根据道路标线，按右侧通行原则从非机动车道通过；

5. 禁止在道路上使用滑板、旱冰鞋等滑行工具；

6. 安全过马路，遵守交通信号灯，“宁停三分，不抢一秒”。横过道路时，要选择有人行横道的地方，这是行人享有“先行权”的安全地带。遇到交警现场指挥时，应当按照交警的指挥通行；

7. 当汽车转向指示灯闪烁时，要注意避让转弯车辆；

8. 注意大型车辆，与大型车辆保持至少 3 米的安全距离。

（二）对校园或其他人员密集场所踩踏事故的预防

1. 在人群中走动，遇到台阶或楼梯时，尽量抓住扶手，防止摔倒；

2. 发觉拥挤的人群向自己行走的方向拥来时，应该马上避到一旁，或蹲在附近的墙角下。切记不要奔跑，以免摔倒，等人群过去后再离开；

3. 当身不由己被卷入人群时，一定要双脚站稳，抓住身边牢固物体，防止被人群挤倒；或是顺着人流走，切不可逆行，否则，极易被人流冲倒；

4. 在拥挤的人群中前进时，要用一只手紧握另一手腕，手肘撑开，平放于胸前，微微向前弯腰，形成一定空间，以保持呼吸道通畅；

5. 遭遇拥挤人流时，一定不要有蹲下来的姿势，即使鞋子被踩掉，也不要贸然弯腰提鞋或系鞋带；

6. 一旦被人群挤倒在地，要设法使身体蜷缩成球状，双手紧扣置于颈后，保护好头、颈、胸、腹部；

7. 当发现自己前面有人突然摔倒时，要立即停止前进，同时大声呼喊“后退”，一传十、十传百，形成“后退”的声浪，及时警示后面人们停止前进，防止因人群继续行进而导致踩踏事故发生。

师：下面，我们来练习一下（由1人先喊，渐次扩大到一排、两排至全班）。

教学提示

通过判读交通标志标识和人员密集场所防踩踏呼号的练习，使学生了解基本的交通常识，学会应急避险的技能。

课堂总结：今天，我们主要学习了公共交通安全常识和预防踩踏的技能要领。希望大家在日常生活中要多观察、勤思考，努力养成良好的行为习惯，把学到的知识更好地应用到日常生活中，不断提高个人的防护意识。

课堂练习

一、填空题

1. 行人应当在（　　　　）行走，没有人行道的靠（　　　　）行走。

正确答案：人行道　路边右侧

2. 非机动车应当在（　　　　）停放，未设停放地点的，非机动车停放（　　　　）。

正确答案：规定地点　不得妨碍其他车辆和行人通行

3. 交通信号灯中，黄灯表示（　　　　）。

正确答案：警示

4. 根据《中华人民共和国道路交通安全法实施条例》第七十四条规定：行人不得在道路上使用滑板、旱冰鞋等（　　　　）。

正确答案：滑行工具

5. 行人通过路口或者横过道路时，应当（　　　　）。

正确答案：走人行横道或者过街设施

6. 在没有交通信号灯的路口横过马路时，应当（　　　　）。

正确答案：服从交通警察指挥

7. 教育行政部门、学校应当将道路交通安全教育纳入（　　　　）的内容。

正确答案：法制教育

8. 制定《中华人民共和国道路交通安全法》，目的是为了（　　　　）。

正确答案：保障道路交通的有序、安全和畅通

9. 在校园内外行走时，要思想集中，注意（　　　　），不能三五人勾肩搭背并行而影响他人行走。

正确答案：来往行人车辆

10. 大多数教室比较狭小，不应在教室中追逐、打闹，做剧烈运动和游戏，防止（　　　　）。

正确答案：磕碰受伤

二、选择题

1. 非机动车是指下列哪些车辆？（　　）

A. 摩托车　　B. 电动自行车　　C. 自行车　　D. 轻便摩托车

正确答案：BC

2. 电动自行车在划分车道的道路上行驶，应当在（　　）内行驶。

A. 机动车道　　B. 非机动车道　　C. 人行道　　D. 随便哪条车道

正确答案 B

3. 骑自行车时不得有下列哪些行为（　　）。

A. 攀扶车辆　　B. 牵引或者被牵引　　C. 互相追逐　　D. 手中持物

正确答案：ABCD

4. 乘坐机动车时不得将（　　）伸出车外。

A. 头　　B. 手　　C. 脚　　D. 身体其他部位

正确答案：ABCD

5. 下列哪些行为是错误的（　　）。

A. 在道路上玩滑板　　B. 追车、抛物击车

C. 在道路上学骑自行车　　D. 在车行道内坐卧、停留、嬉闹

正确答案：ABCD

6. 公安机关交通事故报警电话是（　　）。

A. 110　　B. 119　　C. 122　　D. 120

正确答案：C

7. 发现车辆发生交通事故后逃逸的，你应当（　　）。

A. 尽量记住肇事车辆的号牌、车身颜色、车辆型号、车辆用途，逃逸方向等情况，并立即报警

B. 赶紧离开现场以免不必要的麻烦

C. 在无急救知识的情况下自行抢救受伤职员

D. 自行追赶肇事车辆

正确答案：A

8. 根据《道路交通安全法实施条例》第七十条，骑自行车在路段上横过机动车道时，应当（　　）。

A. 加速骑过　　B. 下车推行

C. 斜向通过　　D. 无需确认安全，垂直通过

正确答案：B

9. 乘坐机动车时应当禁止（　　）。

A. 携带易燃、易爆危险物品　　B. 干扰驾驶员安全驾驶

C. 向车外抛洒物品　　D. 将头、手等身体部位伸出窗外

正确答案：ABCD

10. 道路交通标志分为（　　）两大类。

A. 主标志　　B. 警告标志　　C. 禁止标线　　D. 辅助标志

正确答案：AD

知识拓展

夺命三角区——内轮差

前轮可以绕过道路的某一物体，而后轮却绕不过去，这个地方是司机视线的右侧盲区，又叫“内轮差”。

“大货车拐弯时最容易出事”。这是因为大货车司机存在着视线“盲区”和“内轮差”，这就是大货车的夺命“三角区”。

大货车的盲区分为定点盲区和动态盲区，定点盲区主要是车头、车尾、右前灯、右前轮处；动态盲区主要在大车前轮至后轮的车身段。行人一旦靠近盲区，很有可能引发悲剧。

2014年，济南市历城交警大队民警曾对辖区大货车驾驶员专门做过培训，通过实验讲解大货车的盲区。民警在右前车轮旁一字排开放置了三个反光锥筒，分别间隔为0.5米、1米、1.5米。体验者上到货车驾驶室后，通过左后视镜往后看，竟看不到这三个锥筒。而当大货车开始启动往右打方向，开出去两米后，摆在一旁的锥筒一个接一个地被大货车的防撞护栏刮倒。

交警说，如果将反光锥筒换成行人，后果将不堪设想！

交警进一步解释：大货车在转弯时，前轮与后轮会在行驶过程中形成一个半圆弧形，一般大货车车身较长，尤其是半挂货车，这个半圆弧形的长度差大约2米。也就是说，如果在转弯前，电动车距离车外侧2米范围内，那么转弯过程一般会刮倒行人。简言之，停留或是进入内轮差区域，虽然不会被前轮碰到，车身后半部却很可能把人卷入车底。

大货车右转弯比左转弯更危险，因为左转弯时，司机就算不借助后视镜，只要往车窗外伸个头，就能观察到左侧车辆以便避让，而右转弯时却看不到。这就是为什么在路口遇到大货车右转弯时，与大货车齐头并进的电动车或行人容易被撞倒的原因。所以，与大型车保持至少3米的安全距离至关重要。

（本篇作者　陈静静）

自救互救
人防
救护专业队

伤病员与应急救护

教学分析： 当今世界，和平与发展成为时代主题，然而战争威胁长期存在。在防空袭斗争中，一旦遭遇空袭，极易危及人民群众的生命安全，对伤病员的应急救护十分必要。本课旨在让高中生掌握基本的急救知识，以便在遭遇空袭和人身伤害事故时，快速开展自救互救。

教学目标： 1. 了解应急救护的基本知识。
2. 掌握搬运的基本方法。
3. 学会操作现场心肺复苏操作流程。

教学重难点： 搬运的正确方法、现场心肺复苏术和人工呼吸操作。

教学方法： 理论提示、示范讲解、组织练习、小结讲评。

教学准备： 课件、厚床单等，心肺复苏教学的人体模型1—2具。

教学时长： 1课时（45分钟）

教学过程

一、新课导入（3分钟）

师：同学们，大家对应急救护了解吗？

生：……

师：从大家的回答中，能够看到，大家对应急救护了解得不多。应急救护是防空袭斗争和平时灾害事故中必不可少的救援手段，包含止血、骨折固定、伤病员搬运与转移、人工呼吸、心肺复苏等。

随着21世纪生活节奏的加快，现代化程度的提高，以及交通运输多样化等因素，意外伤害的发生率呈逐年上升趋势。有资料表明，我国公众急救知识普及率不超过1%，中学生接受过急救培训的仅占15.8%。由此导致在遭遇意外事故时，多数学生不能自救或为他人提供现场的紧急救助。应急救护常识虽然专业性强，但是只要我们认真学习领会，就能够掌握一些基本的知识要领。今天就来学习伤病员的搬运、心肺复苏术。

二、理论及实训教学（42 分钟）

（一）搬运

师：在战争中，会出现大量伤员，很多时候，我们需要通过人工或者搬运工具把伤员转移至安全地带，再来进行进一步的治疗，如果搬运不当，有可能对伤者造成更大的伤害，掌握正确的搬运方式，减少二次伤害，是很有必要的。

下面，我们来学习几种常见的搬运伤病员的动作要领，希望同学们认真听讲，仔细思考，并最终学以致用。

1. 徒手搬运法

是指在搬运伤员过程中凭人力和技巧，不使用任何器具的一种搬运方法。该方法常适用于狭窄的阁楼和通道等担架或其他简易搬运工具无法通过的地方。此种方法比较实用，但对操作者的体力要求较高，同时，要特别注意方式方法，不然容易对伤员造成二次损害。

（1）扶行法。动作要领：由一位或两位救护人员托住伤病员的腋下，也可由伤病员一手搭在救护人员肩上，救护人员用一手拉住，另一手扶伤病员的腰部，然后与伤病员一起缓慢移步。

适用对象：病情较轻、能够站立行走的伤病员。

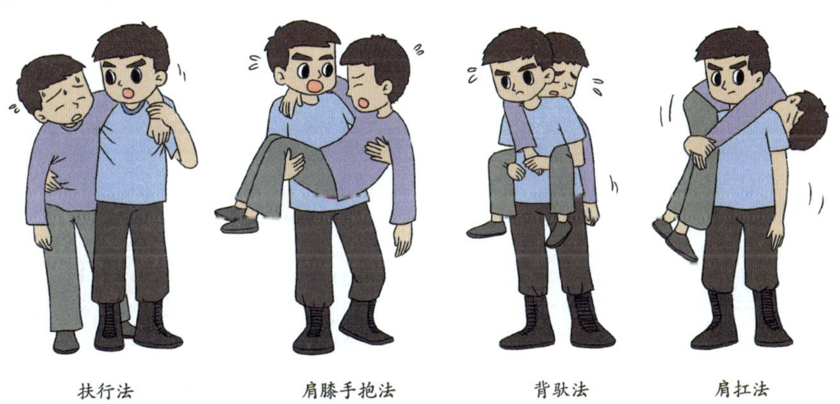

扶行法　　肩膝手抱法　　背驮法　　肩扛法

（2）背驮法。动作要领：救护人员先蹲下，然后将伤病员上肢拉向自己胸前，使伤病员前胸紧贴自己后背，再用双手反拉病员的大腿中部，使其大腿向前弯曲，接着救护人员站立后，上身稍微向前倾斜并行走。

注意事项：呼吸困难的伤病员，如心脏病、哮喘等，以及颈胸部有损伤者不宜用此方法。

2. 双人搬运法

师：双人搬运法可根据伤员的不同情况，选择不同的方法，下面介绍两种最常见的方法。

（1）拉车式搬运法。由一个救护人员站在伤病员的头部，两手从伤病员腋下抬起，将其头背抱在自己怀内，另一救护员蹲在伤病员两腿中间，同时夹住伤病员的两腿面向前，两人步调一致，将伤病员抬起，缓步前行。

（2）椅托搬运法。此方法适用于无法独立行走（如下肢骨折伤病员）但意识清醒可以配合救护人员的伤病员，此方法简单易行，但是要强调让伤者稳坐于椅子之上，两位救护人员各抬起椅子的一侧，步伐一致，缓慢移动。

椅拖搬运法

3. 脊柱损伤搬运法

先将伤者双下肢伸直，上肢也要伸直放在身旁，硬木板放在伤者一侧。用于搬运伤者的必须为硬木板、门板或黑板，且不能覆盖过多的棉被、海绵等柔软物品。至少三名救护人员水平托起伤者躯干，由一人指挥整体行动，将伤者平起平放移至木板上。在搬运过程中动作要轻柔、协调，防止躯干扭转。颈椎受损的伤者，搬运时要有专人扶持。

注意事项：对疑有脊柱骨折的伤者，均应按脊柱骨折处理。脊柱受伤后，不要随意翻身、扭曲。因为它可增加受伤脊柱的弯曲，使失去脊柱保护的脊髓受到挤压和牵拉损伤，带来二次受伤。对这类伤病员，必须要由多名救护人员协同搬运。

师：上面这组图是多人搬运的正确办法，希望同学们牢牢记住。

师：同学们，我们学习了几种常见的搬运方法，老师现在来总结一下：

①出现伤病员，我们应该本着“先抢救，后固定，再搬运”的原则进行处理。

②运送时尽可能不摇动伤（病）者的身体。若遇脊椎受伤者，应将其身体固定在担架上，用硬板担架搬送。切忌一人抱胸，一人搬腿的双人搬运法，因为这样搬动易加重脊髓损伤。

③运送时伤者头部朝后，以便随时观察呼吸、神智、出血、面色变化等情况。

教学提示

3—5人为一组，分别练习单人、双人、多人搬运。注意在双人以上练习时，各小组要安排好负责运送的同学以及“伤病”同学。

（二）心肺复苏术

师：在战时或平时生活中，遇见有人心脏骤停晕厥倒地时，如果我们能够掌握一些基本的应急救护技能，就能进行有效施救，接下来，我们学习心肺复苏术。下面，先由老师给大家讲解一下心肺复苏术的操作流程，然后大家再进行实际操作。

心肺复苏术操作流程：

1. 评估周围环境是否安全，做好自身防护。
2. 判断意识：“喂，你怎么啦!”（双手拍肩）；“喂，你怎么啦!”

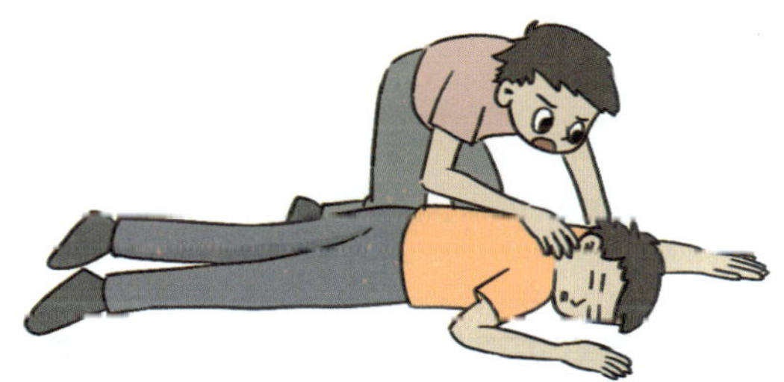

3. 呼救：来人啊！救命！拨打120急救电话。
4. 调整病人体位，使其仰卧在坚硬的平面上。

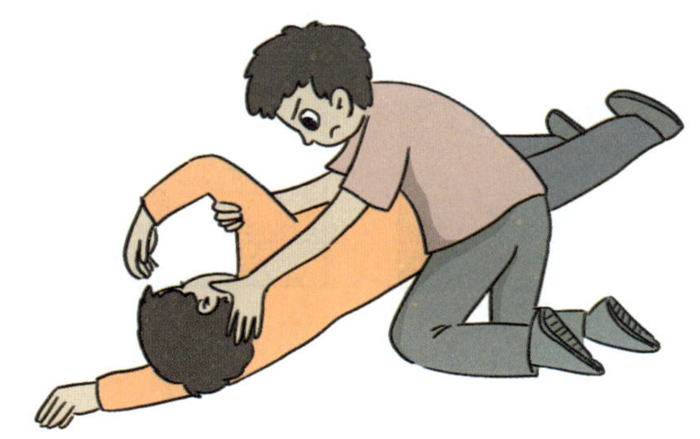

5. 观察呼吸：扫视呼吸 6 至 10 秒。（可采用默念的形式计时）

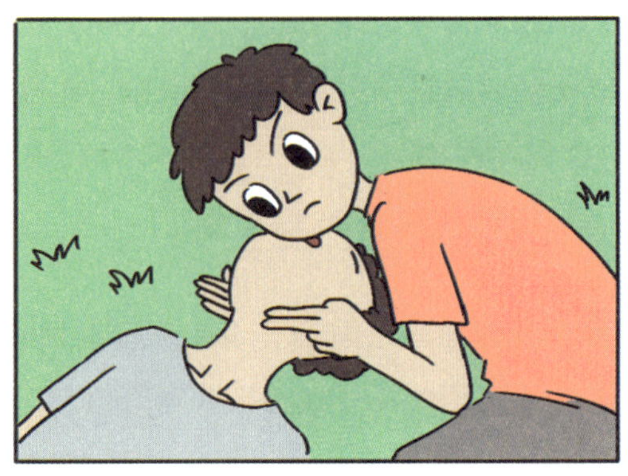

6. 解开衣服，胸外心脏按压 30 次。

此步骤大家要注意定准位置，是在两乳头连线中点（胸胃中下三分之一处），用左手掌跟紧贴病人的胸部，两手重叠，左手五指翘起，双臂伸直，用上身力量用力按压 30 次。同时按压深度为 5—6 厘米，按压频率为 100—120 次/分钟。

7. 清除口腔异物，特别是有义齿的要取下来。

8. 开放气道，采用仰头举颌法。

9. 口对口人工呼吸两次，注意口鼻不要漏气。

10. 再次观察呼吸：如没有生命体征，需重复步骤 6—9，连续做 5 个循环；如急救成功就可以停止做。注意观察：瞳孔、自主呼吸、脸色、四肢温度等。

11. 整理好病人衣服。

12. 做好人文关怀。（可以拍拍病人肩膀说：你不要害怕，救护车马上就到，或医生马上就到，我会在这里陪着你等安慰话语。）

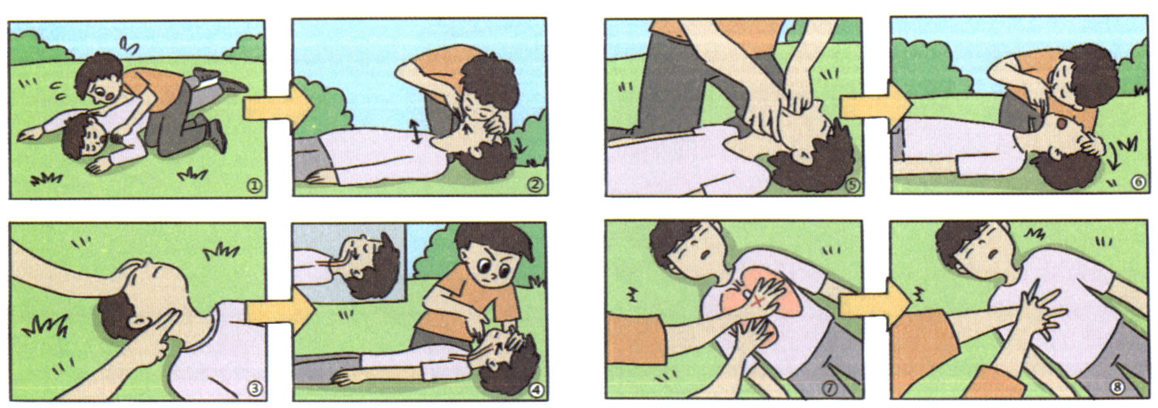

课堂训练：

第一步：示范讲解方法及要领；

第二步：分男子组、女子组练习，通过计算失误率的方式竞赛；

第三步：对学生的完成情况进行点评。

此环节可在教室内进行，有条件的班级也可以到操场练习。同时也可以与人工呼吸练习相结合。

（三）人工呼吸

师：在战场或日常生活中，有时候会出现伤病员失去自主呼吸进而休克的情况，在这种情况下，掌握好人工呼吸的正确方法，让休克的伤病员恢复自主呼吸，就极为重要了。

1. 检查呼吸并观察患者胸部起伏 5—10 秒。

2. 如无呼吸，立即清理口鼻异物以保持呼吸道通畅。

3. 吹气方法：托下颌、深吸气、捏鼻翼、口包口缓慢吹气。吹气时间：1—2 秒，特别注意要缓慢吹气。吹入气量：400—600 毫升。有效标准：可见胸部抬起；吹气后，松鼻、离唇、眼视胸部。

清理呼吸道最好用湿纸巾、小纱布块、小手绢等，勿用卫生纸。对于深度昏迷或者休克的伤员必要时用纱布包住舌头牵出之，以免舌后缩阻塞呼吸道。软床上抢救时，应加垫木板。

课堂训练：分为男子组、女子组练习，每两人为一小组。

师：同学们，我们今天学习了伤病员的转移与搬运，心肺复苏术以及人工呼吸的方法。

由于课上学习时间有限，请同学们在课下多加练习，真正掌握这些技能，一旦碰到紧急情况时，可以帮助他人。“珍惜生命，关爱他人”，这世界将更加美好！

课堂练习

一、选择题

1. 院前对外伤患者主要有哪些急救步骤？（　　）

A. 止血　　B. 消毒　　C. 包扎　　D. 固定　　E. 搬运

正确答案：ACD

2. 心跳骤停抢救生命的黄金时间段为（　　）。

A. 1 分钟　　B. 3 分钟　　C. 4 分钟　　D. 8 分钟　　E. 10 分钟

正确答案：C

3. 有效心肺复苏按压的要求（在条件许可的前提下）包括（　　）。

A. 力度　　B. 速度　　C. 胸壁弹回　　D. 按压不中断　　E. 按压人可轮换

正确答案：ABCDE

4. 导致昏厥的原因可能包含（　　）。

A. 心源性　　B. 脑源性　　C. 反射性　　D. 排尿性　　E. 其他原因

正确答案：ABCDE

二、判断题

1. 有心脏病、哮喘的病人可采用背驮的方式进行搬运。（　　）

正确答案：错误

2. 脊柱损伤搬运可采用椅托搬运法。（　　）

正确答案：错误

3. 人工呼吸的动作要领为托下颌、捏鼻翼、口包口缓慢吹气。（　　）

正确答案：正确

知识拓展

野外探险自救小窍门

一、被毒蛇、昆虫咬伤

在野外如果被毒蛇、昆虫咬伤，患者会立即出现出血、局部红肿和疼痛等症状，严重者几小时内会出现休克等危险，不及时救治甚至会造成死亡。因此，一旦遇到毒蛇咬伤，必须马上用布条、手帕或领带等将伤口上部扎紧，以防止蛇毒扩散，然后用消过毒的刀（来不及消毒，将刀放在火上烧一下即可），在伤口处划开一个刀口，用嘴将毒液吸出。只要口腔粘膜没有损伤，将其液化，可起到中和的作用。被昆虫咬伤或者蜇伤时，可用冷水或冰水冷敷患处后，再在伤口上涂抹氨水。如果被蜜蜂蜇了之后，就用镊子将蜂刺拔出后，再在伤口上涂些氨水或牛奶。

二、骨折

骨折或脱臼时，应将受伤处固定后再用冰水冷敷。从大树或岩石上摔下来损伤脊椎时，应立即将患者放在平坦而坚硬的担架上固定，不让身体晃动，立即送往救治。

三、外伤出血

在野外旅游时，若被利器割伤，可以用随身带的矿泉水、饮用水冲洗伤口，然后用毛巾包扎。轻微出血可采用压迫止血法，一小时过后，每隔 10 分钟左右松开一下，以保障血液循环，还要争取时间，尽快送到医院救治。

四、食物中毒

野外旅游途中，吃了腐败变质的食物时，除了会腹泻、腹痛之外，严重的还会伴有发热或衰弱等症状，应多喝些盐茶水（冲泡浓茶加盐），或者可以用手指探喉催吐，将腐败食物呕吐出来。

（本篇作者　王仲谊）

战时伤员现场快速止血方法

教学分析： 和平与发展虽已成为时代主题，但世界并不太平，战争威胁始终存在。随着高科技精确制导武器大量投入使用，空袭已成为主要作战样式。学习掌握对伤员紧急救护，及时挽救伤员生命，对保存战争潜力，具有十分重要的意义。

教学目标： 了解急救的基本原则，学会快速止血的方法。

教学重难点： 止血方法的动作要领和损伤处理。

教学方法： 理论讲解、动作示范。

教学准备： 课件、多媒体、止血材料。

教学时长： 1 课时（45 分钟）

教学过程

一、新课导入（3 分钟）

师：同学们，和平与发展虽已成为时代主题，但世界并不太平，战争威胁始终存在。随着高科技精确制导武器大量投入使用，空袭已成为主要作战样式。学习掌握对伤员紧急救护，及时挽救伤员生命，对保存战争潜力，具有十分重要的意义。我们先来看一段《红海行动》视频片段，看后，请同学们谈一下感受。

生：……

师：《红海行动》作为 2018 年春节档最“燃”的电影。这部时长 2 小时 17 分钟的军事题材影片，将战争场面尽可能真实地呈现给观众。影片中的血腥场面，令不少观众不敢直视，然而，真实的战争就是这样残酷。在空袭中，人们极易因直接或间接打击而导致肢体损伤、骨折、出血等紧急情况。接下来，我们一起学习对伤员外伤进行急救的方法。

二、外伤的现场急救基本技术（35 分钟）

师：请看这四张图片，这四张图片所表现的动作是什么？

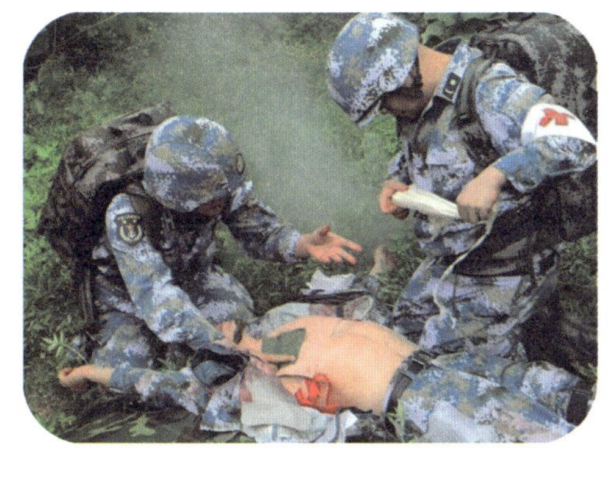

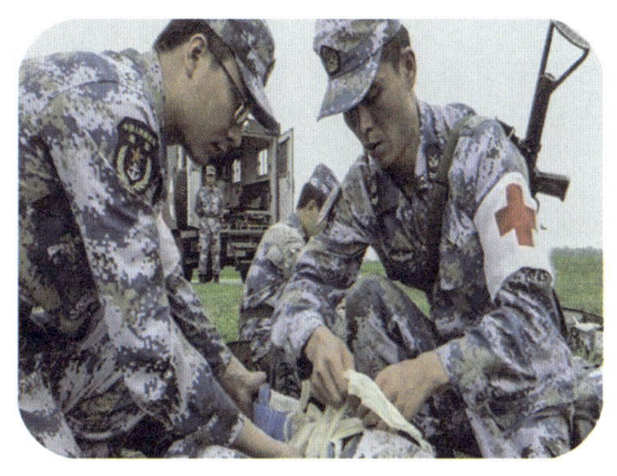

生：……

师：空袭环境救护的基本技术，包括止血、包扎、固定、搬运和基础生命支持，称为战救五大技术。在救护中要遵循先抢后救，先重后轻，先急后缓，先近后远；先止血后包扎，先固定后搬运。依其紧急程度而论，以止血最为紧急。

（一）止血的重要性

师：血液非常宝贵，是生命的源泉。血液占人体体重的 8%，成年人的全身血液总量为 4000—5000 毫升。战时，失血是战伤伤员死亡最重要的原因之一，如果能及时有效地止血，对挽救伤员生命，稳定伤情，为后续治疗创造条件具有十分重要的意义。

（二）失血性休克的表现

师：皮肤破损、血管及神经断裂、骨折等都不可避免地造成出血。

一个人的循环血容量大约占体重的 8%，失血量小于总血量 5%（200—300 毫升）时，人体可自动代偿；当失血量大于总血量 20%（800—1000 毫升）时，伤者会出现面色苍白、意识淡漠、肢体湿冷、呼吸浅快等症状，会进入休克前期。一旦失血量过大过快，尤其是急性大失血时，伤者未经积极有效的急救，就会有生命危险。急性出血的后果很严重，因此，止血是抢救出血伤员的一项重要措施，对挽救伤员生命具有重要意义。

（三）出血的种类和特点

师：你所知道的出血情况是什么？

生：……

1. 出血种类

根据出血部位有外出血和内出血两种。外出血，体表有伤口，血液流出体外，肉眼可见，很易引起重视；内出血，体表无伤口，血液流入体腔内，肉眼不可见，容易被忽略而造成误诊。

2. 出血的特点

（1）动脉出血：血色鲜红、喷射状，与脉搏节律相同，危险性大。

（2）静脉出血：血色暗红、血流较缓慢，呈持续状，不断流出。危险性较动脉出血小，可压迫止血。

（3）毛细血管出血：血色鲜红、血液从整个伤口创面渗出，一般不易找到出血点，通常可自动凝固而止血，危险性小。

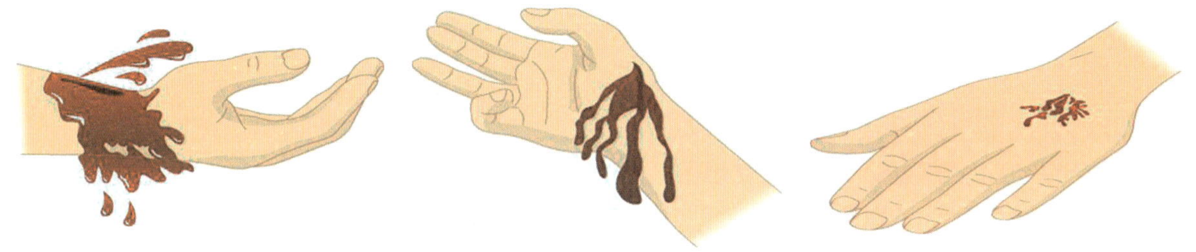

（四）现场止血方法

师：出血就要止血，请同学们从常识角度试着说一下止血目的是什么？

生：……

师：止血目的，就是控制出血，保存有效血容量，防止休克，挽救生命。下面，我们重点学习现场快速止血的急救方法。现场止血法包括徒手指压法、止血带结扎法、加压包扎法等。

1. 徒手指压法

师：徒手指压法是一种简单有效的临时性止血方法。它根据动脉的走向，在出血伤口的近心端，通过用手指压迫血管，使血管闭合来达到临时止血的目的。指压止血法适用于头部、颈部和四肢的浅表皮肤裂伤的出血。

（1）头前部

止血动脉：颞浅动脉。

止血点：耳前方颧弓根部。

止血方法：用大拇指压迫出血一侧的颞浅动脉，压向骨面。

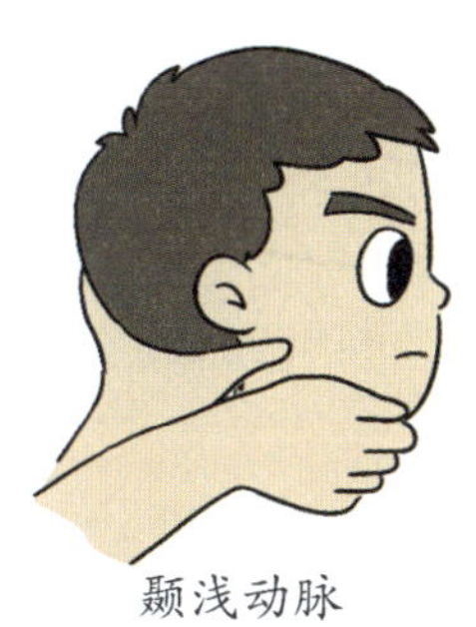

颞浅动脉

（2）前臂

止血动脉：肱动脉。

止血点：出血一侧上臂中，三分之一肱动脉搏动点。

止血方法：大拇指或其余四指同时压住肱动脉至肱骨，同时将前臂抬高。

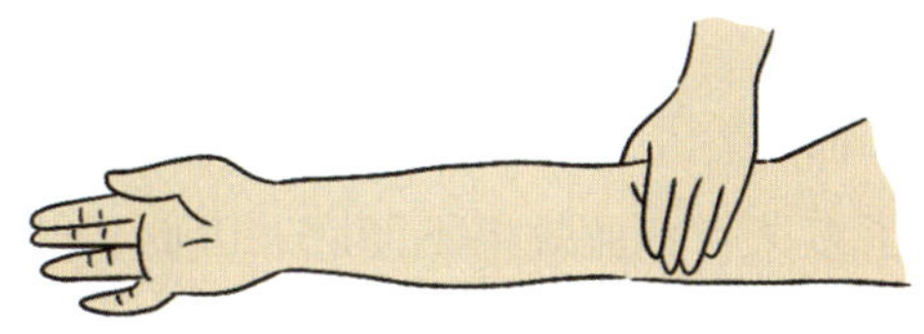

肱动脉

（3）手掌

止血动脉：桡动脉、尺动脉。

止血点：出血一侧手腕部（内、外侧各有一处搏动点）。

止血方法：两手拇指分别压迫或一把抓。

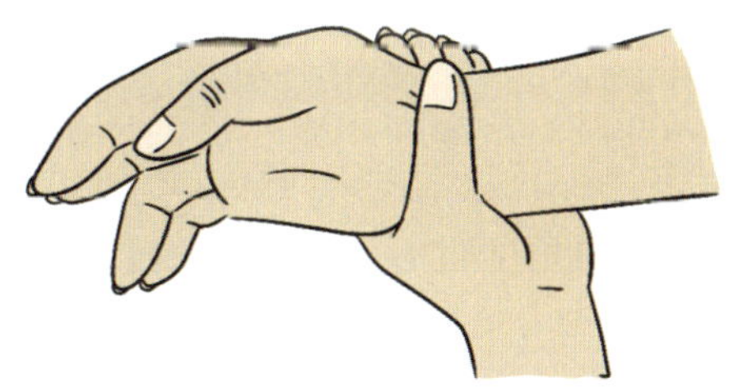

桡动脉、尺动脉

（4）下肢

止血动脉：股动脉。

止血点：出血一侧大腿上三分之一内侧。

止血方法：手掌根部或双手大拇指重迭用力压迫股动脉搏动处，下肢抬高。

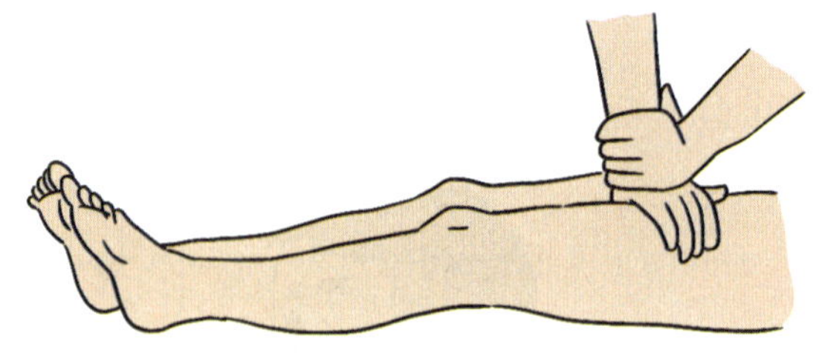

股动脉

（5）鼻部

止血方法：

①让患者安静坐下，将头部稍微往前倾。

②用纱布或纸巾等塞入鼻孔。捏住双侧鼻翼，向鼻中隔前下方紧压，并冷敷患者之鼻部，约隔 10 分钟放开。

师：流鼻血后，头不要后仰，不要平躺；如不能止血或鼻骨是有骨折现象引起的出血，要送医治疗。根据所学技能和操作要领，请同学们总结一下徒手指压法的优缺点。

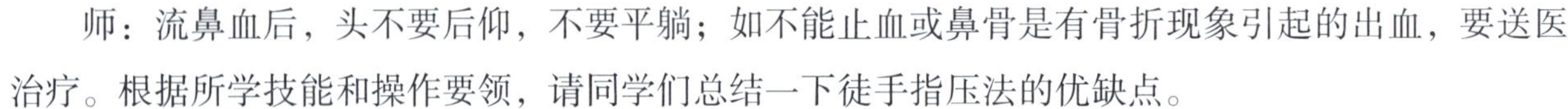

生：……

归纳：徒手指压法的优缺点：简单，不需要借助任何工具物品；快速，看见出血即可条件反射立马压上去；短暂，指压坚持不了多久，止血效果不彻底。因此，徒手指压法仅可作为临时性的止血过渡措施。

不同地方出血，其压迫点不同，要准确掌握动脉压迫点；用力适中，以伤口不出血为度；压迫 10—15 分钟；保持伤处肢体抬高。

2. 止血带止血法

（1）操作要领

①后头留五寸。

②右手拉紧环体扎。

③前头交左手，中食两指挟。

④顺着肢体往下拉，前头环中插，保证不松垮。

⑤绞棒固定。

教师示范，学生实践体验。

后头留五寸

右手拉紧环体扎

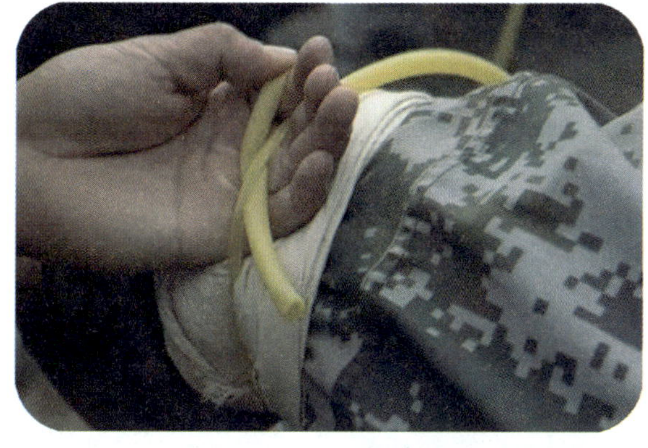
前头交左手，中食两指挟

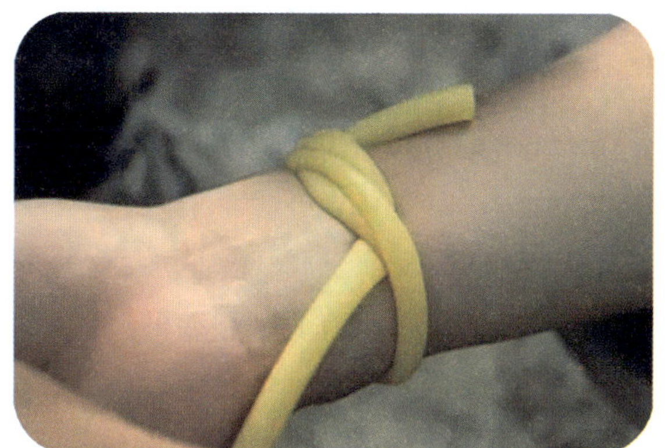
顺着肢体往下拉，前头环中插

绞棒固定

（2）使用止血带注意事项

①止血材料：如现场没有橡皮止血带，可用布条绞扎法代替。绝对不可以用铁丝、编织带、尼龙绳、金属丝等材料代替，以免扎伤神经而造成肢体瘫痪。

②止血部位：上肢——肱动脉，上臂上三分之一处；下肢——股动脉，大腿上三分之一处。

③止血保护：缠绕止血带部位必须加垫保护。

④止血松紧度：以刚能止血、远端摸不到动脉搏动为度。

⑤止血时间：力争2—3小时内送到医院，一般不超过5小时，原则上每小时要放松1次，寒

冷季节不应超过半小时，放松时间为1—2分钟（此时用指压法止血）。松止血带时必须慢慢地松开。毁损肢体不松带。

⑥止血标记：使用止血带者应有明显标记，注明扎止血带时间，并告诉伤员和护送人员。

此法适用于不能用加压止血的四肢大动脉出血。

3. 加压包扎止血法

师：加压包扎止血法适用于小动脉、静脉及毛细血管出血。用可溶性纱布垫放于伤口后，再用棉团、纱布卷、毛巾等折成垫子，放在出血部位的敷料外面，然后用三角巾或绷带紧紧包扎起来，以达到止血目的。加压包扎止血法适用于上下肢、肘、膝等部位的动脉出血，若伤处有骨折时，须另加夹板固定。关节脱位、可疑骨折或关节脱位时，不宜使用此方法。操作要领如下：

①让伤员卧位，抬高上肢，检查伤口有无异物。

②用手施加压力直接压迫，用绷带、三角巾等包扎。

③检查包扎后的血液循环情况。

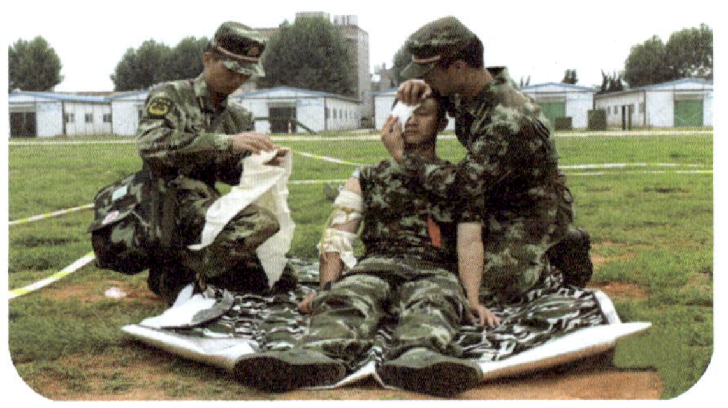

师：通过今天的实践学习，请同学们总结一下现场止血方法的适用范围。

生：……

4. 现场止血方法的适用范围

直接压迫止血法：适用于较小伤口的出血。

加压包扎止血法：适用于各种伤口。

指压动脉止血法：适用于头部和四肢的出血。

止血带止血法：只适用于四肢大动脉出血。

三、收获与反思（4分钟）

“人人学急救，急救为人人”，知道并掌握一定的现场急救知识和技术，不仅对自己有极大的好处，而且对我们的家庭、社会都是有益的。通过“战时伤员现场快速止血”的学习，你对“战时现场紧急救护”有哪些新的认识和理解？在模拟场景实践体验过程中，还有哪些方面可以进一步改进？请与同学交流你的收获或认识。

四、拓展延伸（3分钟）

在防空袭斗争中，人们可能面临重大的伤亡。迅速、准确的止血救护，对及时挽救伤员的生命，稳定民心士气，都具有十分重要的意义。通过本次学习，同学们一定也发现了不少可以进一步研究和探讨的话题，有兴趣的同学可以深入研究。

1. 请同学们继续关注“战时现场紧急救护”技能的学习训练，不断提高自救与互救技能，利用社会实践等时机，到社区及其他公共场所做救护宣传践行。

2. 请以“这样急救最有效”为课题进行实践研究。

课堂练习

一、选择题

1. 成人失血量达到（　　）毫升时即可出现休克表现。

A. 200—400　　B. 400—600　　C. 1600—2000　　D. 150—200

正确答案：B

2. 指压止血法是现场急救最常用的止血方法，但不适用于人体（　　）。

A. 头　　B. 面　　C. 胸　　D. 四肢

正确答案：C

3. 包扎止血不能用的物品是（　　）。

A. 绷带　　B. 三角巾　　C. 止血带　　D. 麻绳

正确答案：D

4. 现场急救常用的止血方法主要是（　　）。

A. 指压止血法　　B. 夹板止血法　　C. 止血带止血法　　D. 包扎止血法

正确答案：ACD

5. 使用止血带应注意（　　）。

A. 扎止血带时间越短越好

B. 必须做出显著标志，注明使用时间

C. 避免勒伤皮肤

D. 缚扎部位原则是尽量靠近伤口以减少缺血范围

E. 缚扎止血带要很紧

正确答案：ABCD

6. 常用创伤包扎材料有（　　）等，创伤急救的原则是就地取材。

A. 胶布　　B. 绷带　　C. 毛巾　　D. 三角巾

正确答案：ABCD

知识拓展

遇险如何求救

通常情况下，学生应根据自身的情况和周围的环境条件，发出不同的求救信号。一般情况下，重复三次的行动都象征求援。

（一）电话求救。电话求救是最简单、最直接的求救方式，能够清晰表达各种信息。常见的求救电话有匪警电话 110、火警电话 119、急救电话 120 等。

（二）声响求救。遇到危难时，除了喊叫求救外，还可以用其他声响求救。如吹响哨子、击打脸盆、木棍敲打物品、斧头击打门窗、打其他能发声的金属器皿，甚至可以打碎玻璃等物品向周围发出求救信号。

（三）利用反光求救。遇到危难时，利用回光反射信号，也是很有效的办法。常见工具有手电筒以及可利用的能反光的物品，如镜子、罐头皮、玻璃片、眼镜、回光仪等。每分钟闪照 6 次，停顿 1 分钟后，再重复进行。

（四）抛物求救。在高楼遇到危难时，可抛掷软物，如枕头、书本、空塑料瓶等，引起楼下注意并指示方位。

（五）烟火求救。在野外遇到泥石流、滑坡等自然灾害被困山上或在野外迷路、与同伴走散时，连续点燃三堆火，中间距离最好相等。白天可燃烟（燃烧新鲜树枝、青草等产生浓烟），夜晚可点燃干柴，发出明亮耀眼的火光向周围求救（要注意避免引起火灾）。

（六）地面标志求救。在比较开阔的地面，如草地、海滩、雪地，可以制作地面标志。利用树枝、石块、帐篷、衣物等一切可利用的材料摆成求救标志。如把青草割成一定标志，或在雪地上踩出一定标志，以便空中搜救人员发现。请同学们记住这几个单词：SOS（求救）、SEND（送出）、DOCTOR（医生）、HELP（帮助）、INJURY（受伤）、TRAPPED（受困）、LOST（迷失）、WATER（水）。

（本篇作者　张　娟）

对普通战伤伤员的应急救护

教学分析： 人民防空教育要求普及人防知识和防护技能，以提高居民的自救互救能力。据统计显示，90%的战伤死亡发生在伤员被送达医疗救治机构之前的“战术环境”中，只有10%的死亡发生在各级医疗救治机构中。因此，空袭环境中的战伤救治对提高伤员存活率至关重要。

教学目标： 1. 了解普通战伤救护的意义。

2. 掌握普通战伤救护的基本知识和技能方法（即通气、止血、包扎、固定和搬运等基本救护方法），为提高战场生存能力打下良好基础。

3. 利用军训、安全教育课、体育健康课，探索出精准健康传播的“军训＋安全＋体育课＋急救培训”的新模式。

教学重难点： 掌握必要的战伤救护技能，并能够加以运用。

教学方法： 理论讲解，动作训练。

教学准备： 课件、训练教材、电教器材、止血带、三角巾、其他救护器材。

教学时长： 2课时（每课时45分钟）

教学过程

第一课时

一、新课导入（3分钟）

自20世纪90年代以来，美军在中东地区展开了一系列的军事行动，造成了大量的人员伤亡，同时也给战伤紧急救治带来了深远影响。战伤救治指南的形成，可以说是美军在战争中取得的一项意外的收获。随着未来战争作战单元小型化、作战编成模块化、作战空间多元化、机动作战快速化的发展趋势，卫生人员伴随保障更加困难，单兵自救互救和战斗救生员急救将成为现场急救的主要方式。美军在战伤救治方面取得的重大进步，使其战伤死亡率降至历史最低水平。其紧急救治及联合战场创伤系统对整个战伤救治的改善起到了巨大作用，值得我们在加强人民防空建设、降低各类自然灾害和人为事故中的伤亡率方面进行借鉴和学习。

二、战伤分类（2 分钟）

师：同学们，战伤分为贯通伤、擦伤、穿透伤和非穿透伤等，按受伤部位还可分为头部伤（包括颅脑伤与颌面伤）、颈部伤、胸部伤、腹部伤、骨盆伤、脊柱脊髓伤、上肢与下肢伤等。

三、进行战伤救护的基本原则（2 分钟）

进行战伤救护的基本原则是：加强敌情观念和灭菌防毒观念，要迅速、准确、及时地抢救伤员。在救护中要先抢后救，先重后轻，先近后远。要做到不用手接触伤口，不用碘酒涂擦伤口，不随便用水冲洗伤口（化学烧伤和磷弹伤例外），不随便取出伤口内的异物，不准塞回突出的脏器，不轻易放弃和停止抢救时机。

四、战伤救护技术（38 分钟）

（一）通气

1. 理论提示

伤员的鼻咽腔和气管，被血块、泥土或呕吐物等堵塞，或昏迷时舌后坠，均可造成窒息，应立即选用下列方法，恢复呼吸道通气。

2. 讲解示范

（1）指抠口咽法：一手用拇指、食指拉出舌头，另一手食指伸入口腔和咽部，迅速将血块、异物取除。

（2）拍背法：使伤员上半身前倾或半俯卧；一手支托其胸骨前，用另一手掌猛击其背部两肩胛骨之间，促使咳嗽将上呼吸道的堵塞物吐出。

（3）垂俯压腹法（腹部冲击法）：从背侧用双手臂围抱伤员上腹部，将伤员提起使其上半身垂俯，用力压腹，促使上呼吸道堵塞物吐出。

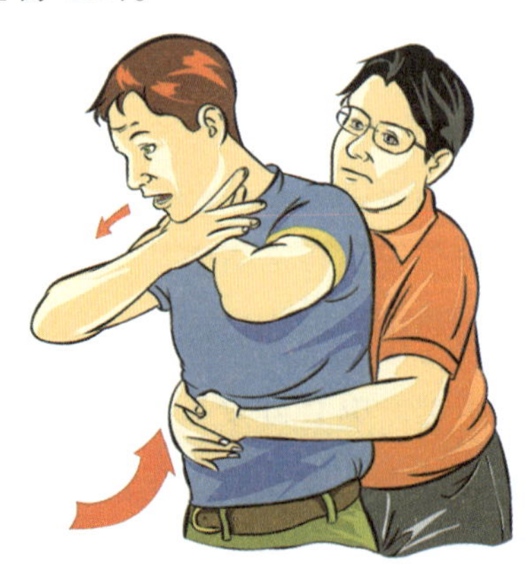

（4）托颌牵舌法：昏迷伤员的舌后坠堵塞声门，应用手从下颌骨向前侧托起，解除舌后坠对气道的阻塞。

（二）止血

1. 理论提示

血液是生命的源泉，它通过心脏的不断收缩，循环于身体的各个部位。当失血量达到20%—30%时，就会危及伤员的生命。

2. 讲解示范

（1）出血的种类

判定出血的种类是正确实施止血的首要工作，方法是根据出血特征加以判断。动脉出血时，颜色鲜红，呈喷射状，有搏动，出血速度快且量多；静脉出血时，颜色暗红，呈涌出状或徐徐外流，出血速度不如动脉出血快；毛细血管出血时，血色鲜红，从伤口向外渗出，出血点不容易判明。

（2）止血方法

止血是一种医疗技术，有许多简便的方法，运用起来十分奏效。

①加压包扎止血法

静脉、毛细血管或小动脉出血时，先将敷料盖在伤口上，然后用三角巾或绷带用力包扎。

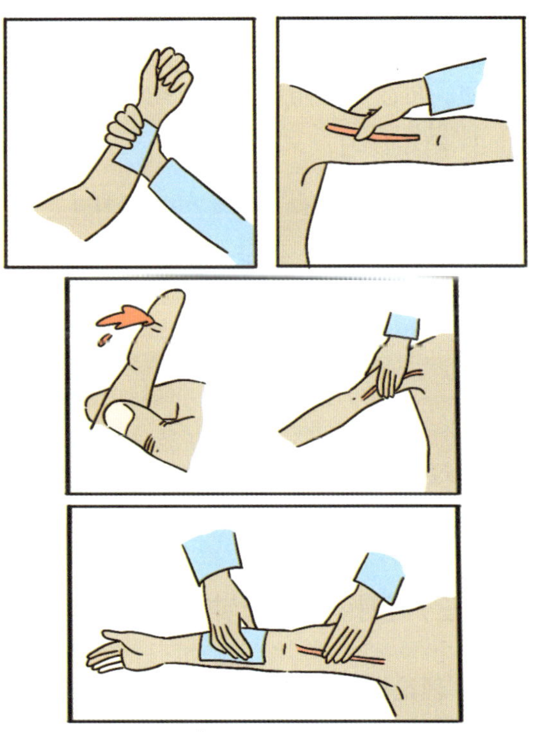

②指压止血法

较大的动脉出血，要临时用手指或手掌压迫伤口近心端的动脉，将动脉压向深部的骨头上，阻断血液的流通，可达到临时止血的目的。具体可分为以下几种：

Ⅰ. 头顶部出血：一侧头顶部出血，可用食指或拇指压迫同侧耳前方（颞浅动脉）搏动点。

Ⅱ. 颜面部出血：一侧颜面部出血，可用食指或拇指压迫同侧下颌骨下缘、下颌角前方约3厘米处的凹陷处，可摸到明显的搏动点的面动脉，压迫此点可以止血。

Ⅲ. 头面部出血：一侧头面部大出血，可用拇指或其他四指压迫同侧气管外侧与胸锁乳突肌前缘中点之间，此处可摸到一个强烈的搏动（颈总动脉），将血管压向颈椎止血。

Ⅳ. 肩腋部出血：可用拇指压迫同侧锁骨上窝中部的搏动点（锁骨下动脉），将动脉压向深处的肋骨止血。

Ⅴ. 前臂出血：可用拇指或其他四指压迫上臂内侧肱二头肌与肱骨之间的搏动点（肱动脉）止血。

Ⅵ. 手部出血：互救时可用两手拇指分别压迫手腕横纹稍上处内外侧搏动点（尺动脉、桡动脉）止血。自救时用健侧拇指、食指分别压迫上述两点。

Ⅶ. 腿以下出血：大腿及其以下动脉出血，自救时可用双手拇指重叠用力压迫大腿上端腹股沟中点稍下方的强大的搏动点（股动脉）止血。互救时，可用手掌（双掌重叠）压迫止血。

Ⅷ. 足部出血：可用两手食指或拇指分别压迫足背中部近脚腕处的胫前动脉和足跟内侧与内踝之间的胫后动脉止血。

③止血带止血法

止血带是一种制止肢体出血的急救用品。一般在四肢大动脉出血，用其他方法止血无效时，采用止血带。方法要诀是：橡皮带左手拿，后头五寸要留下，右手拉紧环体扎，前头交左手，中食二指夹，顺着肢体向下拉，前头环中插，保证不松垮。

使用止血带时要注意：止血带与皮肤之间要加垫（敷料、衣服等），不能直接扎在皮肤上；扎止血带的伤员必须做标记，注明扎止血带的时间；止血带每隔 1 小时（冬季半小时）松开一次，每次放开 2—3 分钟，以暂时改善血液循环。松开时要逐渐放松，如有出血，应再扎上止血带；如不再出血，可改用三角巾压迫包扎伤口。

3. 组织练习

通过刚才的学习，大家对止血有了一个较为直观的认识，现在给大家 5 分钟，可以先摸一下刚才讲到的各个部位，看能不能找到，之后两人一组互相练习。

第二课时

通过上一课时的学习，大家基本上掌握了通气和止血的内容。但是光止住了血还不够，还要进行包扎。那如何包扎呢？好，下面我们接着学习战伤救护技术的第三个内容：包扎。

（三）包扎（15 分钟）

1. 理论提示

包扎通常使用制式的急救包，使用时把急救包沿箭头方向撕开，将敷料盖在伤口上，然后进行包扎。不同的部位有不同的包扎方法。

2. 讲解示范

（1）头面部伤的包扎

①帽式包扎法：适用于颅顶部的损伤。其方法是将三角巾底边的中点放在伤员眉间上部，顶角

经头顶垂向枕后，再将底边经左右耳上向后拉紧，在枕部交叉，并压住垂下的顶角，再将顶角随一底边角拉紧在前额部打结固定。

②风帽式包扎法：适用于颅顶部、面部、下颌和伤肢残端的包扎。将三角巾顶角和底边中央各打一结，形似风帽。然后将顶角结放于前额正中，底边结放置于枕外隆突下方，两手垂直向下拉紧两底角，分别在下颌处反折交叉后绕至枕后结上大结固定。

③下颌包扎法：适用于下颌部伤口和下颌骨折固定包扎。将三角巾折叠成约四横指宽条带状，取三分之一处抵住下颌，长端经耳前绕过头顶至对侧耳前上方，与另一端交叉，然后分别绕过前额及枕后，于对侧相遇打结固定。

④面部包扎法：三角巾顶角打一结兜住下颌，盖住面部，然后拉紧两底角，在头后交叉，绕至额前打结。包好后，在眼、口、鼻的地方剪洞，露出眼、口、鼻。

（2）四肢伤的包扎

①三角巾包扎上肢：将三角巾一底角打结后套在伤侧手上，结的余头留长些备用；另一底角沿手臂后侧拉至对侧肩上，顶角包裹伤肢，前臂曲至胸部，拉紧两底角打结。

②三角巾包扎手（脚）：将手放在三角巾底边，手指指向顶角；拉顶角盖住手背，两底角左右交叉压住顶角绕手腕打结。包扎脚部与此相同。

③三角巾包扎小腿和脚：将三角巾铺平，顶角在前，将伤脚放于三角巾中央适当位置，反折顶角于足背，再将两底角提起包裹顶角，绕踝关节部的肢体后固定打结。

④三角巾包扎肘、膝：将三角巾折成适当宽度的带形，将带的中斜放于伤部，取带两端分别压住上下两边，包绕肢体一周后在伤口背侧打结。

（3）胸（背）部伤的包扎

将三角巾的顶角放在伤侧胸部肩上，把左右两底角拉到背后打结，然后和顶角打结。本方法也适用于背部包扎。

（4）腹部伤的包扎

腹部损伤或伴随脏器脱出时，通常采用腹部兜式包扎法。三角巾顶角朝下，底边横放于腹部，两底角向后拉紧于腰背部打结，然后把顶角经会阴拉至臀部上方，与腰部余结头打结。腹部脏器脱出时，可用饭碗或武装带围成圈后放在敷料上进行保护性包扎。

3. 组织练习

下面我们开始练习，首先进行模仿练习，以规范和统一同学们的动作。

接下来我们进行分组练习，两人一组，互相充当伤员，互相学习，共同提高。

同学们，我们知道，战场救护和平时的训练伤有时还不止这些，发生了骨折怎么办呢？给大家2分钟时间讨论一下。好，刚才大家进行了讨论，基本上提出了一些正确的办法，但都不全面，有些只是土办法。那么，究竟如何进行包扎固定呢？我们接着往下学。

（四）固定（15 分钟）

1. 理论提示

固定是使受伤的肢体制动，让受伤肢体得到休息，避免增加损伤，也可减少伤员痛苦，便于后期伤员运送。凡骨或关节损伤都要进行固定。

2. 讲解示范

（1）判断骨折的方法

①用手指轻轻按摸受伤部位时疼痛加剧，有时可以摸到骨折断端。

②受伤部位变形。

③受伤部位明显肿胀或受伤部位不能活动。

④骨折断端有时可用手扪到“嘎吱”“嘎吱”的骨磨擦感。

（2）骨折临时固定的方法

目前，对骨折临时固定所采用的制式材料多为卷式夹板，紧急情况下，也可使用三角巾、木板、树枝等就便器材代替。

①锁骨骨折三角巾临时固定法：在伤员的腋窝处加好棉垫，用两条三角巾分别折成五横指宽的条带，环绕腋窝一周，在腋后打结，然后把左右打结的三角巾拉紧，在背后打结，使左、右肩关节后伸外展。也可用一条三角巾折成条带或用夹板进行临时固定。

②上臂肱骨骨折三角巾临时固定法：将三角巾折叠成与上臂长度相等的宽带，将肱骨固定在躯干上，然后屈肘90度，再用三角巾将前臂悬吊于胸前。也可用夹板或简便器材进行临时固定。

③前臂尺桡骨骨折临时固定法：用卷式夹板的头端从手背腕部推向肘关节，再将卷式夹板回返推向手心处，然后用两条三角巾带分别在骨折两端绕肢体两圈后固定，再用一条三角巾将骨折肢体悬吊于胸前。此骨折也可用其他方法进行临时固定。

④小腿胫腓骨骨折临时固定法：用四条三角巾条带，分别在骨折的上端、下端将伤肢绕两圈临时固定在健肢上，然后用一条带状固定带在踝关节处用“8”字形固定，再用一条三角巾折成五指

宽将两膝关节固定。此处骨折也可用其他方法进行临时固定。

⑤大腿股骨骨折临时固定法：用卷式夹板两块，一块放于大腿内侧，一块放于大腿外侧，长度不够时可接上一块，在骨突出处加垫，用条带固定骨折上端和下端，然后用条带固定膝关节，再用条带成“8”字形固定踝关节，最后在大腿根部将夹板固定。也可用其他方法进行临时固定。

（3）骨折固定的注意事项

①骨折固定一旦伤口出血，应先止血包扎后再固定。

②大腿和脊柱骨折时应就地固定。

③固定要牢固，松紧要适当。

④夹板与皮肤之间应垫棉花、衣服等。

3. 组织练习

下面我们进行分组练习，两人一组，互相充当伤员，互相学习，互相纠正，共同提高。

（五）搬运（10 分钟）

1. 理论提示

（1）侧身匍匐搬运法

救护者侧身在伤员背侧，将伤员腰部垫在大腿上，伤员两手放于胸前，救护者右手穿过伤员腋下抱肩，使伤员上体脱离地面并贴紧救助者，左前臂撑于地面，两眼目视前方，按照侧身匍匐的动作要领蹬足向前移动。其动作要领概括为“垫腰、抱肩、撑肘、蹬足”。注意伤员受伤部位朝上，伤员头部和上肢不要着地。

（2）单人肩、背、抱法

当伤员周围无空袭威胁、伤势较轻时，可采用单人肩、单人背或单人抱的方法进行搬运。

（3）双人徒手搬运法

此方法适用于头、胸、腹部受伤的重伤员搬运。

（4）担架搬运法

担架搬运法最适用，只要战况和条件许可，应尽量用此法。首先迅速展开担架，放于伤员伤侧，将其装备解除，坚硬物品要从口袋中取出。一人托住伤员头部和肩背部，另一人托住伤员腰臀部和下肢，协力将伤员平稳地轻放在担架上，根据伤情取合适体位，系好担架扣带以固定伤员，两人合力抬起担架前进。行进过程中要保持伤员头朝后脚朝前，便于后边担架人员密切观察伤员伤情变化。如果遇到陡坡路段，要及时调整头部朝向前方。在没有制式担架时，可利用就便器材如木棒、绳索、大衣等制作各种简易担架。

2. 组织练习

刚才，我们一起观看了搬运的四种方法的课件和录像，接下来我们组织练习，体会搬运伤员的动作要领和技巧。需要注意的是：无论哪种搬运方法，受伤者的受伤部位一定不能直接着地，下面每三人一组，分别练习四种方法，场地同止血训练时相同，现在开始。

3. 检查评比

方法：每组抽一人或推荐一人，由其他组设置受伤情况，然后由各小组长讲评练习情况。

五、总结（5 分钟）

本节课我们主要学习了普通战伤应急救护的主要方法，希望大家在平时认真进行练习，反复摸索，熟练掌握。

1. 重述课目、内容、估价学习效果；
2. 阐述有关理论；
3. 讲评训练情况，表扬先进，指出问题，提出下一步学习训练的要求。

课堂练习

一、选择题

1. 对于小动脉、小静脉、毛细血管出血，现场首选的止血方法是（　　）。

A. 止血带止血　　B. 加压包扎止血　　C. 填塞止血

正确答案：B

2. 下肢大出血时止血带应扎在大腿的（　　）。

A. 下部　　B. 根部　　C. 中上部

正确答案：C

3. 现场对伤口进行包扎的目的是（　　）。

A. 保护伤口，防止感染　　B. 止血　　C. 均正确

正确答案：C

4. 用止血带止血时应注意的事项是（　　）。

A. 上止血带时每隔 40—50 分钟，放松 2—3 分钟

B. 部位准确，松紧适度

C. 均正确

正确答案：C

5. 以下何种搬运法常适用于重伤员和脊椎损伤的伤员（　　）。

A. 单人徒手搬运法　　B. 多人徒手搬运法（平抬法）　C. 双人扶持式

正确答案：B

二、判断题

1. 对于呼吸、心跳骤停的伤病人，应立即送往医院。（　　）

正确答案：错误

2. 不能把木板直接缚于骨折的肢体上进行外固定。（　　）

正确答案：正确

3. 对于气道异物不完全梗塞的伤病员现场救护的原则是立即用海氏手法进行腹部冲击。（　　）

正确答案：正确

4. 成人外伤时出血量达到 200 毫升，即可发生休克。（　　）

正确答案：错误

知识拓展

急救，不仅仅是医护人员的责任

急救有两个概念。传统观点认为，急救是应急处理的一种手段和方法。现代观点认为，急救是给予伤员或病人立即救治和关怀的一种手段和方法。

现场急救是急救的第一步。美国一位医学专家指出，在致死性伤员中，约有35%本来是可以避免死亡的，关键是他们能否获得快速、正确、高效的应急救护。

时间就是伤者的生命。一般说来，有黄金时间 4 分钟、白金时间 10 分钟的说法。黄金时间 4 分钟，是指呼吸心跳停止在 4 分钟内给予心肺复苏能收到较好的效果。白金时间 10 分钟，是指对创伤的出血控制、窒息解除、呼吸道畅通等动作，应该在伤后 10 分钟内完成。

急救的黄金时间、白金时间不仅是急救医学范畴的时间概念，更是一个社会范畴的时间概念。医护人员拥有急救技能和装备，但不具备急救的黄金时间；现场第一目击者不具备急救技能和装备，但拥有最宝贵的急救黄金时间。如果现场第一目击者既拥有急救黄金时间，又具备急救技能和装备，就此在突发情况下为拯救身边人的生命伸出援手。

现场急救的知识并不深奥，一般人在 1 至 2 天时间内都可以掌握。通过在全社会大力推广普及急救知识，增强全民急救意识，提高自救互救能力，实现人人敢救、人人会救。现场第一目击者如果能成为第一施救者，虽然只是简单的人工呼吸、心脏按压、创伤包扎等处置手段，都可以收到明显的效果。

对于一般公民来说，在生死攸关的几分钟内得到及时的急救治疗无异于一次重生。很多人可能已经掌握了很多项技能，那么不妨再学一项可能一辈子都用不上，但用一次就收效很大的技能——现场急救技能。

（本篇作者　刘　静）

心肺复苏术

教学分析： 人民防空是政府动员并组织人民群众为防备敌人空袭、保护人民生命财产安全、消除后果采取的措施和行动。假如战争爆发，就会出现伤亡情况，那么学习必要的急救知识是至关重要的，其中心肺复苏是急救中经常用到的一种急救方法，高中阶段学生已具备实际操作的能力，可以通过演练操作心肺复苏术解决临时性急救问题。

教学目标： 通过理论讲解和模拟练习，使学生掌握人工呼吸与单人徒手心肺复苏术操作方法，提高学生应急处置能力。

教学重难点： 单人徒手心肺复苏术操作和人工呼吸要点，心脏按压的原理以及人工呼吸的操作要领。

教学方法： 理论讲解、实际操作演练。

教学准备： 心肺复苏模拟人。

教学时长： 1 课时（45 分钟）

教学过程

一、新课导入（2 分钟）

师：2013 年 7 月 24 日，北京某驾校，一学员在科目三实际道路驾驶技能夜考时，天降大雨，路面湿滑，视线不清，由于高度紧张导致心搏骤停，没有了心跳和脉搏，如果你在场你会怎么办？

生：对他实施心肺复苏。

师：对。我们怎么判断需要对人实施心肺复苏，在什么样的情况下实施心肺复苏术呢？此时，我们首先要明白一个概念：心脏骤停。

二、心脏骤停（5 分钟）

心脏骤停是指心脏泵血功能机械活动的突然终止，造成全身血液循环中断、呼吸停止和意识丧失。这种出乎意料的突然死亡，医学上又称“猝死”。

心脏骤停的判断：心音消失；脉搏扪不到，血压测不出；意识突然丧失或伴有短阵抽搐；呼吸断续，呈叹息样，后即停止；瞳孔散大；面色苍白兼有青紫；意识突然丧失；大动脉（颈动脉、股动脉）搏动消失。

师：假如你判断出了心脏骤停，在急救时间上有一个“黄金4—6分钟”。我们先来了解一下当人员心脏骤停时在不同时间的症状反应。

3秒以上：头昏；

10秒以上：昏厥；

40秒以上：抽搐；

60秒：呼吸停止，大小便失禁；

4—6分钟以上：脑组织不可逆的损害（开始死亡）。

师：从以上时间上可以看出，超过4分钟，人被抢救过来的几率就很小了，在4分钟之内对人实施心肺复苏术是最有效的。

三、心肺复苏（10分钟）

心肺复苏是指对心跳、呼吸骤停的患者采取紧急抢救措施（人工呼吸、心脏按压等），使其循环、呼吸和大脑功能得以控制和部分恢复的急救技术。

下面，我们来学习一下心肺复苏2015年国际新标准操作流程（CPR）（前提是在现场安全的情况下）：

1. 意识的判断

用双手轻拍病人双肩，问：“喂！你怎么了？”告知无反应。

2. 呼救

来人啊！启动EMSS！

3. 检查呼吸

观察病人胸部起伏5—10秒（1001、1002、1003、1004、1005……）告知无呼吸。

4. 松解衣领及裤带

5. 胸外心脏按压

两乳头连线中点（胸骨中下三分之一处），用左手掌跟紧贴病人的胸部，两手重叠，左手五指翘起，双臂深直，用上身力量用力按压30次（按压频率100—120次/分钟，按压深度5—6厘米）。

6. 打开气道

仰头抬颌法。检查口腔无分泌物，无假牙。（用模拟人进行实际操作演示）

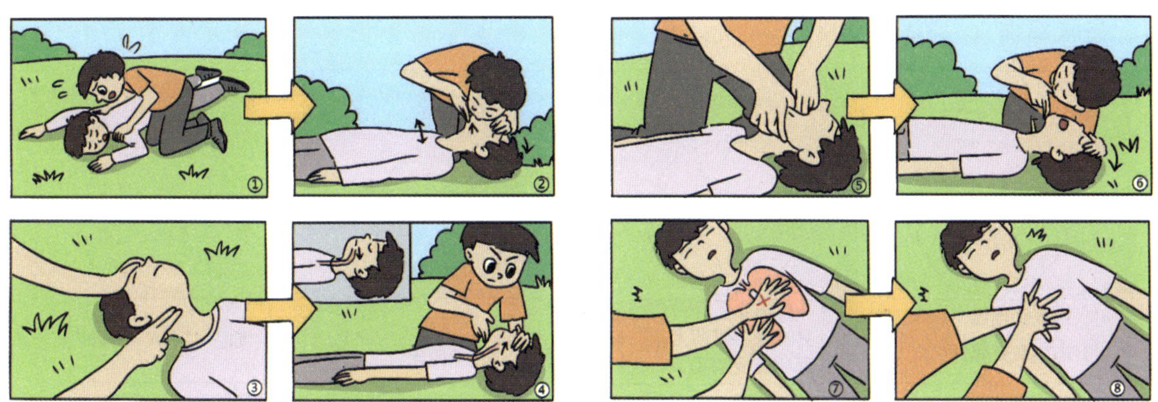

四、胸部按压（10 分钟）

胸部按压操作流程：

1. 按压体位

呼救同时，迅速将病人摆成仰卧位，头侧；解开病人衣领、领带以及拉链；摆放地点：地面/硬板床；翻身时整体转动，保护颈部；保持身体平直、无扭曲；救护：跪于病人右侧。

2. 按压部位

胸骨中下三分之一交界处；双乳头与前正中线交界处。

3. 按压深度

胸骨下陷 5—6 厘米。

有效标准：能触摸到颈或股动脉搏动。

4. 按压频率

100—120 次/分钟，按压与放松的时间各占 50%。

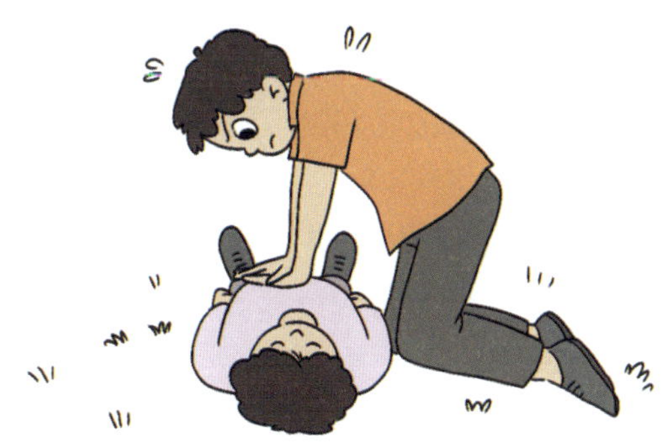

胸部按压姿势图

5. 按压比例

心脏按压: 人工呼吸 =30: 2 的比例进行，连续做 5 个周期。

6. 按压姿势

在地上时，采用跪姿，双膝平病人肩部；在床旁时，应站立于脚踏板，双膝平病人躯干；双臂绷直，与胸部垂直，不得弯曲。

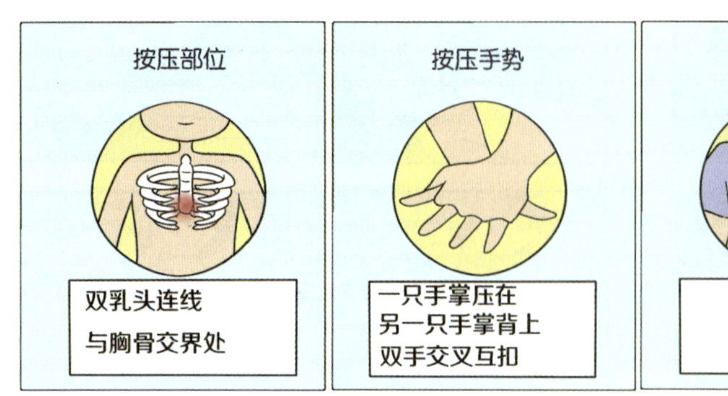

五、人工呼吸（10 分钟）

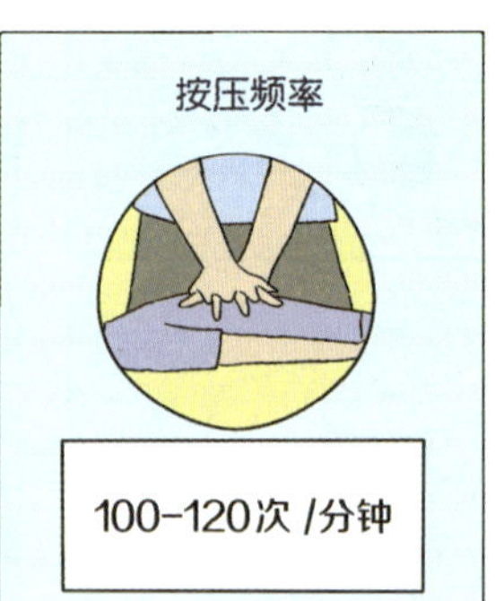

人工呼吸操作流程：

1. 清理口腔

清除呼吸道杂物：假牙、呕吐物、血液等。

2. 开放气道

体位：平卧；操作方法：仰头抬颌法、托颌法，使病人口腔与咽喉成直线。

3. 人工呼吸

口对口，通气频率 10—12 次/分钟，要点：捏、吹、看。

心肺复苏成功指标：出现各种反射；无意识的挣扎动作、呻吟；自主呼吸逐渐恢复；触摸到规律的颈动脉搏动；面色、口唇转为红润；双侧瞳孔缩小、对光反射恢复。

心肺复苏终止指标：病人已恢复自主呼吸和心跳；确定病人已死亡；心肺复苏进行 30 分钟以上，检查病人仍无反应、无呼吸、无脉搏、瞳孔无回缩。

六、注意事项（8 分钟）

1. 口对口吹气量不宜过大，一般不超过 400—600 毫升，胸廓稍起伏即可。吹气时间不宜过长，过长会引起急性胃扩张、胃胀气和呕吐。吹气过程要注意观察患（伤）者气道是否通畅，胸廓是否被吹起。

2. 胸外心脏按术只能在患（伤）者心脏停止跳动下才能施行。

3. 口对口吹气和胸外心脏按压应同时进行，严格按吹气和按压的比例操作，吹气和按压的次数过多和过少均会影响复苏的成败。

4. 胸外心脏按压的位置必须准确。不准确容易损伤其他脏器。按压的力度要适宜，过大过猛容易使胸骨骨折，引起气胸血胸；按压的力度过轻，胸腔压力小，不足以推动血液循环。

5. 施行心肺复苏术时应将患（伤）者的衣扣及裤带松解，以免引起内脏损伤。

课堂练习

一、选择题

1. 现场心肺复苏包括 A、B、C 三个步骤，其中 A 是（ ）。

A. 人工循环　B. 人工呼吸　C. 开放气道　D. 胸外按压

正确答案：C

2.《2015 心肺复苏更新指南》中胸外按压的频率为（ ）。

A. 至少 100 次/分钟　B. 100—120 次/分钟　C. 至少 120 次/分钟　D. 60—80 次/分钟

正确答案：B

3. 对成人进行口对口吹气时，吹气的频率为（ ）。

A. 10—12 次/分钟　B. 20—24 次/分钟　C. 5—6 次/分钟　D. 12—20 分钟

正确答案：A

4. 心肺复苏指南中胸外按压的部位为（ ）。

A. 双乳头之间胸骨正中部　B. 心尖部

C. 胸骨中段　D. 胸骨左缘第五肋间

正确答案：A

5.《2015AHA 心肺复苏及心血管急救指南更新》中成人心肺复苏时胸外按压的深度为（ ）。

A. 至少胸廓前后径的一半　B. 至少 3 厘米；

C. 至少 5 厘米　D. 5—6 厘米

正确答案：D

二、判断题

1. 胸外按压的按压点位置通常选用心脏的位置，这样胸外按压的效果更加明显。（ ）

正确答案：错误

2. 所有的人受伤后第一件事情就是马上进行人工呼吸的操作。（ ）

正确答案：错误

3. 人工呼吸之前应先将伤者的气道打开。（ ）

正确答案：正确

4. 在打开气道之前通常要对病人的口腔进行检查，判断是否有异物，如有异物需要将其清除干净。（ ）

正确答案：正确

5. 每次人工呼吸的吹入时间越短越好，一般依靠突然爆发的力量将气吹入，这样就可以节省更多的救治时间。(　　)

正确答案：错误

知识拓展

掌握心肺复苏的重要意义

急救最基本的目的是挽救生命。危重急症、意外伤害导致的突发濒死病人，大多发生在医院外，最常见的导致循环骤停的是心脏病急症猝死。我国每年有54万人心脏骤停猝死。20世纪60年代，研究者将口对口人工呼吸、胸外按压、除颤三项技术结合起来，创建了现代心肺复苏术(CPR)。

调查发现，我国心脏骤停患者的存活率非常低，仅为7.92%，而发达国家心脏骤停患者的存活率高达60%。其根本原因，与心肺复苏术及其意识的普及程度有关。遇到突发意外伤害时往往无从下手，导致许多伤员因得不到及时有效的救治而失去了抢救的最佳时机。为此，大力推广普及心肺复苏技能，是提高人民群众在突发事件中的相互合作和沟通与协作能力的一个重要环节。

（本篇作者　韩云江）

水 灾

暴雨雷雨天气避险

教学分析： 在现代战争中，空袭已成为主要作战手段。济南市城区南依群山，北临黄河，如果南部山区水库或黄河遭遇空袭导致溃坝、溃堤，或遭遇极端灾害性天气，都会对济南城区造成重大人员伤亡和经济损失，提高避险常识和自救互救技能，对有效减少人员伤亡和财产损失具有十分重要的意义。

教学目标： 1. 了解济南地理、气象特点。
2. 掌握避险、自救常识技能。

教学重难点： 了解济南城区特殊地理环境和降雨特点，掌握避险和自救互救常识技能。

教学方法： 讲授法、讨论法。

教学准备： 多媒体、相关视频及图片、宣传手册。

教学时长： 1 课时（45 分钟）

教学过程

一、课题导入（10 分钟）

师：我们先观看 2007 年 7 月 18 日特大暴雨的相关视频。（播放视频）

师：济南市是全国重点防洪城市，洪涝灾害频发。据资料统计 1949—2007 年，济南市共发生水灾 17 次，平均 3.4 年就有一次。其中特大水灾 6 次，平均 9.7 年一次；中等水灾 11 次，平均 5.2 年一次。受灾面积在 100 万亩以上的年份 9 次，平均 6.4 年出现一次。

1987 年 8 月 26 日，济南市自西向东出现了一次高强度降雨过程，市内四个区和历城区降了特大暴雨，平均降雨量达到 317.5 毫米，暴雨中心历下区解放桥降雨量达到 360 毫米。由于小清河排水能力低，洪水漫溢成灾，致使市区大面积积水，12 座立交桥全部积水，交通中断，铁路客货运输分别中断 6 至 7 小时，暴雨造成 47 人死亡。市区排洪河道有 14 条、33 处河岸被冲毁，人民生命财产受到严重损失。

2007 年 7 月 18 日。济南市再次遭遇特大暴雨，3 小时降水量达 180 毫米，“7·18”暴雨是济南市历史上有气象记录以来的最大值。市区低洼地区局部积水达到1.5米深，由于部分河道行洪能力低，加之南高北低的地势，道路雨水流速较大，造成行人被冲、车辆翻倒、房屋或者围墙倒塌，灾害造成了37人死亡。城市基础设施遭受重大损失，毁坏市区道路1.4万平方米，冲失井盖500多套；26条线路停电，市区交通一度处于瘫痪状态。这次洪涝灾害的主要成因：一是特殊的地理环境，二是超标准降雨，三是有限的排洪能力，四是特殊的时间段。

师：同学们，今天我们重点了解一下济南市城区地理和气候特点，学习一些避险和自救互救知识，确保我们在遭遇空袭引发洪水或暴雨洪涝灾害时能够保护自身安全。

二、济南市城区的地理和气候特点（10分钟）

（一）地理特点

市区地理环境特殊，地势南高北低，二环东路从旅游路至小清河段长度7.5公里，高差132米；舜耕路从二环南路至经七路长度5.3公里，高差105米；英雄山路从二环南路至北园大街长度10公里，高差95米。由于南北落差较大，遇有强降雨时，极易形成马路行洪，造成洪涝灾害和城区内涝。

（二）气候特点

济南市属大陆性气候，夏季酷热多雨，年平均降雨量670.0毫米，汛期平均降雨量500.5毫米，全年降水量主要集中在6月至9月，占全年降水量的74.7%，其中7月至8月降水量占全年降水量的52.9%，形成明显的夏汛期。从汛期降雨特点来看，降水频繁，时空分布不均，局部性暴雨时有发生，且呈现突发性强、产生径流快、降水时间集中、可预报性差等特点，市区内易出现较大汛情和险情，造成马路行洪和内涝积水，防范难度大。

师：同学们，刚才我们观看了“7·18”暴雨洪涝灾害录像、图片，足以让我们感受到，在泛滥的洪水面前人的生命显得很脆弱，所以我们要珍惜生命，掌握避险自救常识，在空袭或自然灾害中确保我们的自身安全。

三、避险自救常识（25分钟）

（一）概念

1. 暴雨。暴雨是指短时间内产生较强降雨量（24小时雨量≥50毫米）的天气现象。

2. 雷雨天气。雷雨是空气在极端不稳定状况下，所产生的剧烈天气现象，它常挟带强风、暴雨、雷电，甚至伴随有冰雹或龙卷风出现，往往造成灾害。

3. 雷雨大风。雷雨大风是指在出现雷、雨天气现象时，风力达到或超过 8 级（≥17.2 米/秒）的天气现象。

4. 山洪。山洪是指由于暴雨、冰雪融化或拦洪设施溃决等原因，在山区（包括山地、丘陵、岗地）沿河流及溪沟形成的暴涨暴落的洪水及伴随发生的滑坡、崩塌、泥石流的总称。山洪在济南山区较为常见。

5. 山洪灾害。山洪灾害是指由山洪暴发而给人类社会系统造成的人员伤亡、财产损失、基础设施毁坏，以及环境资源破坏等。

（二）防御指南

1. 如何防范雷雨天气

（1）随时关注最新天气预报，当气象台预报有雷阵雨或预报有雨并伴有雷电，尤其是发布雷电预警信号时，提前做好防范措施。

（2）雷鸣电闪时，在室外的人为防雷击，应当遵循四条原则。一是应尽量降低身体高度，以免作为凸出尖端而被闪电直接击中。二是人体与地面的接触面要尽量缩小以防止因“跨步电压”造成伤害。所谓跨步电压是雷击点附近，两点间很大的电位差，若人的两脚分得很开，分别接触相距远的两点，则两脚间便形成较大的电位差，有强电流通过人体使人受伤害。三是不可到无避雷装置的高大建筑体附近，不可手持金属体高举头顶。四是不要进入水中，因水体具有导电性，易遭雷击。总之，应当到较低处，双脚并拢地站立或蹲下，以减少遭遇雷击的概率。

（3）不要在大树下避雨，应远离树木、桅杆、烟囱、塔吊等高大孤立的物体。

（4）不要在水面或水陆交界处作业，如钓鱼、划船、游泳等。要远离水面和河边，这是由于雷击具有一定的选择性，这些地点属于易落雷区域。

（5）雷雨时，不要在空旷的地方活动，如进行户外球类运动等。要远离田野、运动场、停车场以及其他空旷的场地。

（6）不要进入山坡、水边和空旷地带的孤立或临时性的、无防雷设施的建（构）筑物，如工棚、凉亭内避雨。

（7）在空旷场地不宜使用金属杆的雨伞，不要把锄头、铁锹、羽毛球拍、高尔夫球杆、钓鱼竿等金属杆工具扛在肩上。

（8）切勿站立于山顶、山脊、楼顶或接近导电性高的物体。

（9）当闪电当空时，不要加速奔跑，因为这样会增大两腿之间的跨步电压。应就近寻找低矮、干燥、背风处，双脚并拢抱头蹲下。

（10）尽量不要拨打接听手机或上网等。

2. 如何防御暴雨天气

每年7、8月为济南市暴雨多发季节，了解掌握一些暴雨应对常识，对拯救生命、减少财产损失起着很大的作用。

（1）如果你是行人，应迅速向最近的高地转移，由于城市中洪水漫进室内会传导电流，因此要避免游泳转移，更不能攀爬电线杆、铁塔或靠近高压线铁塔。此外，为加速排水，暴雨来临时有许多井盖会被掀开，应注意警示标志或水流，避免跌落。

（2）驾（乘）车时，避免被困在车内是你最重要的任务。车辆不能进入水深超过排气管高度的积水区，因此在涉水前必须谨慎判断。如果车辆不慎进水熄火，切勿启动发动机，有条件的话可将车辆推至安全地带。车辆落水是最坏的状况，应在水尚浅时尽快弃车逃生。如果车已被水没过，则应用安全锤敲击车侧窗的四角逃生。

（3）突遇山洪，提防隐患不麻痹。突遇山洪时，应保持冷静，听从指挥，向较高地方转移，撤离危险区。山洪暴发时，不要沿沟谷往下跑，而要向两侧高处快速躲避。千万不要涉水过河。被山洪困住时，应及时与当地有关部门取得联系，或发出求救信号。

（4）当泥石流发生时，要以逃生为重，不能贪恋财物而滞留，应马上向与泥石流成垂直方向的两侧山坡高处跑。

（5）当发生山体滑坡时，要向垂直于滑坡的方向逃生。在沟谷停留或活动时，一旦遭遇暴雨，要迅速转移到安全的高地，不要在低洼的谷底或陡峻的山坡下躲避和停留。同时，要留心周围环境，特别警惕远处传来的土石崩落、洪水咆哮等异常声响。

（6）不要在水库、河道、湖泊游泳，不要在水边玩耍，以免发生意外。

3. 洪水逃生常识

（1）发生洪水时，首先应该考虑的是迅速登上牢固的高层建筑避险，并尽力与救援部门取得联系。同时，注意收集各种漂浮物，木盆、木桶都不是逃离险境的好工具。

（2）如果来不及转移，也不必惊慌，可向高处（如结实的楼房顶、大树上）转移，等候救援人员营救。

（3）如果被困在郊区，找不到建筑物时，应尽量向高处移动。此时要特别注意规避山洪可能经过的路线，避免被山洪卷走。

（4）如果水灾严重，水位不断上涨，就要设法自制木筏逃生。

（5）不要攀爬带电的电线杆、铁塔，发现高压线铁塔倾斜或者电线断头下垂时，一定要迅速远避，防止直接触电或因地面“跨步电压”触电。

课堂练习

一、选择题

1. 暴雨预警分为四级，分别以什么颜色代表？（　　）

A. 蓝色　　B. 黄色　　C. 橙色　　D. 红色

正确答案：ABCD

2. 暴雨的级别怎样划分？（　　）

A. 暴雨　　B. 大暴雨　　C. 特大暴雨

正确答案：ABC

3. 雷雨天气常会出现哪些现象？（　　）

A. 强风　　B. 暴雨　　C. 闪电　　D. 雷击

正确答案：ABCD

二、简答题

1. 夏季如何注意防雷电？

2. 城市内涝是如何形成的？

知识拓展

汛期安全小知识

一、行人安全防御

雨中行人应尽量不再赶路，并尽快到地势较高的建筑物中暂时避雨，不要在涵洞、立交桥低洼区、较高的墙体、树木下避雨。时刻注意路边防汛安全警示标志，不要靠近路沿石行走，避免掉入缺失井箅的窨井。避开灯杆、电线杆、变压器、电力线及其附近的树木等有可能连电的物体；经过积水地区时，发现有电线落入水中，必须绕行并及时报告相关部门。

二、行人在路上被洪水冲倒如何自救和救助

首先，当人还处于清醒状态时，一定不要慌张，应尽量憋住呼吸，寻求最佳时机进行换气，然后想办法用双手抓住地面上的凸起物或直立之物体，争取站立起来。当遇到有人被洪水拉倒的时

候，施救者一定要从被救者正面迎着他，而不是从后面拉他，如果人多的话，可以采用手拉手形成一个人墙，来挡住被水流冲过来的溺水者，这和深水中救人正好相反。

三、行车遇险自救

车辆误入较深积水区，如水深超过排气管，应低挡行驶，提高引擎转速，稳定油门，保持行车速度。车辆进水熄火后，切勿试图启动发动机，设法将车推到安全地带，避免影响其他车辆通行，第一时间报警求助。车辆掉入深水区域，切勿打开窗子或试图打开车门，请努力呼吸，找好准备逃生的门把手，等待水慢慢涌进车里，在水将要漫到车顶的时候，深吸一口气，然后屏气打开车门迅速游出。

四、灾后防疫

讲究饮食卫生：要尽可能喝开水；不吃腐烂变质和受污染食物，不吃病死、淹死的动物肉，不吃生食，瓜果吃前削皮或洗烫，食品要煮透、热吃。搞好环境卫生：粪便和生活垃圾不入水；消灭蚊蝇；对腐烂的动物尸体要先焚烧后深埋；及时清除污泥、浊水；要注意搞好水源卫生、厨房卫生和个人卫生，可以利用漂白剂。

（本篇作者　李贤荣）

震　灾

应急避险，科学防震

教学分析： 地震灾害是群灾之首。地震灾害中人员伤亡绝大多数是由于房屋倒塌被埋压造成的。遭敌空袭时，建筑物被炸毁，同样会导致房屋倒塌、人员被埋压。学习震灾避险知识和自救互救技能，是科学防御地震灾害，减少人员伤亡的有效途径。通过学习，使学生掌握防空防灾应急避险技能，提高防范意识，减轻灾害风险。

教学目标： 1. 了解震前准备，识别地震谣言。

2. 掌握避震要点、方法和自救互救技能。

教学重难点： 1. 避震原则、避震要点和避震方法。

2. 地震自救互救技能。

教学方法： 讲授法，练习法。

教学准备： 课件、多媒体等。

教学时长： 1 课时（45 分钟）

教学过程

一、新课导入（3 分钟）

师：同学们，地震灾害是群灾之首。地震灾害中人员伤亡绝大多数是由于房屋倒塌被埋压造成的。遭敌空袭时，建筑物被炸毁，同样会导致房屋倒塌、人员被埋压。学习震灾避险知识和自救互救技能，是科学防御战时空袭和地震灾害，减少人员伤亡的有效途径。本节课，我们学习关于地震应急避险和自救互救的科学方法，学会在地震来临时进行避险和逃生。哪位同学先来谈谈自己掌握的避震方法？

生：……

二、地震应急避险的方法（25 分钟）

师：地震来临前我们首先要做好防震准备。请同学们想一想：如果政府发布了地震预报，我们应该做好哪些防震准备呢？

生：……

师：在有中长期地震预报的地区，可以提前做好家庭防震准备。

（一）做好震前防震准备

师：制定家庭防震计划，把牢固的家具下腾空，以备震时藏身。清理杂物，让门口、楼道畅通，不要堵塞逃生通道。把墙上的悬挂物取下来或固定住，防止掉下来伤人。清理阳台护墙，把花盆杂物拿下来，防止砸伤行人。固定高大家具，防止倾倒砸人；家具物品摆放做到“重在下、轻在上”。把易燃易爆和有毒物品放在安全的地方。准备好必要的防震物品。如果有时间的话，可以在家里组织家庭防震演练，练习“一分钟紧急避险”，进行紧急撤离与疏散练习。

物品摆放要科学

规划逃生路线

（二）准备地震应急包

师：平时防震要准备地震应急包。同学们知道地震应急包内都要放哪些必备物品吗？

生：……

师：地震应急包是在预防地震等灾害发生时，提供用于维持生命的食物、饮水、药品及简单的生活和求救必须品的应急包。应急包中要备有手电筒、收音机、矿泉水、方便面、饼干、外伤药、绳索、哨子等物品。临震前应尽量把地震应急包放置在容易取到的地方。

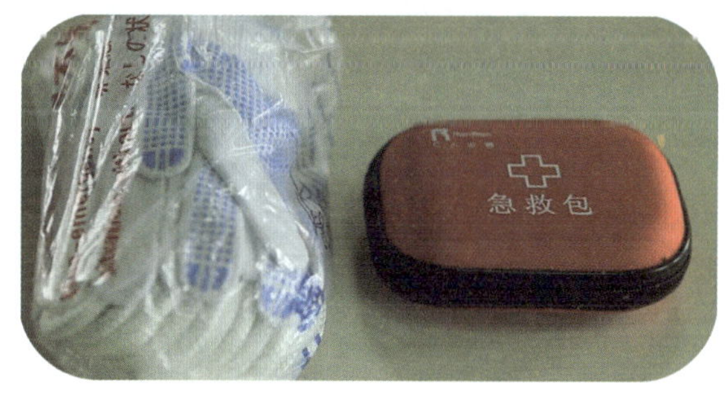

地震应急急救用品

（三）了解避震原则和避震要点

1. 避震原则

师：同学们，当地震发生时，你们认为应该先跑还是先躲避啊？

生：……

师：国内外大量事例表明，地震发生时的十几秒至几十秒的时间内，进出建筑物时，被砸死、砸伤的可能性最大，伤亡也最多。所以，“震时就近躲避，震后迅速撤离到安全地方”是基本的避震原则。

2. 避震要点

避震要点

师：躲避地震时，要掌握以下五个要点。

第一，选择小开间、坚固家具旁就地躲藏；

第二，蹲下或坐下，尽量蜷曲身体，降低身体重心；

第三，抓住桌腿等牢固的物体；

第四，保护头颈、眼睛，掩住口鼻；

第五，避开人流，不要乱挤乱拥，不要随便点明火，因为空气中可能有易燃易爆气体。

（四）掌握避震方法

1. 家庭避震

小开间躲避地震

师：当感知发生地震时，不必惊慌，要保持镇静，迅速关闭电源、煤气、自来水开关。然后打开出入的房门，利用垫子或书包等保护头部，迅速就近躲在床下、炕沿下、坚固的家具下、内墙墙根、墙角以及厨房、厕所等开间小的地方。注意避开吊灯、电扇等悬挂物。

师：在平房，可以因地制宜，跑出室外到空旷地带避震。

教学提示

千万不要跳楼，不要到阳台上去，不要站在窗边，疏散时不要乘坐电梯。

不要乘坐电梯

不要跳楼

2. 学校避震

师：正在上课发生地震时，不要惊慌，教师应该第一时间打开教室的门；学生要在教师指挥下迅速抱头、闭眼、躲在各自的课桌下，身体背对着窗户，用书包顶在头上。待地震过后，在教师的指挥下有秩序地向教室外撤离。

师：在操场或室外时，可原地不动蹲下，双手保护头部，注意避开高大建筑物或危险物。千万不要回到教室去。

学校地震应急演练

教学提示

在学校中，地震时最需要的是学校领导和教师的冷静与果断。平时要结合教学活动，向学生们讲述地震避险知识。震前要安排好学生撤离的路线和场地；震后沉着地指挥学生有秩序撤离。另外，学校平时应做好防震准备。教室桌椅摆放与窗户、外墙保持一定距离，以免外墙倒塌伤人。留出一定通道，便于紧急撤离。平时要加固课桌、讲台，便于藏身避震，定期检查和加固教室的悬挂物。

3. 公共场所避震

师：在影剧院、体育馆、车站等公共场所时，应就地蹲下或趴在排椅下，避开吊灯、电扇等悬挂物，用书包等保护头部。地震过后，听从工作人员指挥，有序撤离。注意不要拥挤，要避开人流，避免被挤到墙壁或栅栏处。

师：在商场、书店、展览馆、地铁等处，应选择结实的柜台或柱子边，以及内墙角等处就地蹲下；避开玻璃门窗、玻璃橱窗或柜台；避开高大不稳或摆放重物、易碎品的货架；避开广告牌、吊灯等高耸悬挂物。

4. 车辆避震

师：行驶中的车辆，不要紧急刹车，应减低车速，靠边停放。如果行驶在高速公路或高架桥上，应小心迅速驶离。在行驶的电（汽）车内应当抓牢座位扶手，以免摔倒或碰伤；降低重心，躲在座位附近，待地震过去后再下车。

公共场所避震

5. 户外避震

师：户外避震要做到以下几点：

（1）书包等物顶在头上，防止被玻璃碎片、坠落物砸伤，迅速跑到街心、空旷场地蹲下；不要急于跑进室内救人。

（2）尽量远离高压线及石化、化学、煤气等有毒工厂或设施。

（3）如果身在陆桥上或地下通道中，应镇静而迅速地离开。

（4）就地选择开阔的绿地、广场、体育场避震。如果是在郊外，应远离崖边、河边、海边，寻找空旷的地方避震。

（5）避开高大建筑物或构筑物，特别是有玻璃幕墙的建筑、过街桥、立交桥、高烟囱、水塔等。

6. 野外避震

师：野外避震要注意避开山脚、陡崖，以防山崩、滚石、泥石流等；避开陡峭的山坡、山崖，以防地裂，滑坡；遇到山崩、滑坡、泥石流时，要向垂直于其前进方向跑，切不可顺着其前进方向跑；也可躲在结实的障碍物下或蹲在沟坎下，保护好头部。

7. 震时遇到其他灾害时的求生要点

师：同学们了解发生其他次生灾害时的求生要点吗？

生：……

师：如果遇到燃气泄露时，用湿毛巾捂住口、鼻，千万不要使用明火，震后设法转移。如果遇到火灾时，趴在地上，用湿纺织物捂住口、鼻，地震停止后，降低重心向安全地方转移。如果遇到化工厂着火，毒气泄漏，不要向顺风方向跑，要尽量绕到上风方向去，并设法用湿纺织物捂住口、鼻。

三、地震自救与互救（12 分钟）

师：主震过后，作为个人一般会处于两种状态。一是被重物或倒塌物压埋的非自由状态；二是毫发无损或轻度外伤的相对安全自由状态。针对不同的状态，我们应采取不同的策略。

（一）地震自救

师：如果地震中不幸被埋压，无法在保证安全的前提下自行脱险，那么此时最重要的就是消除恐惧心理、树立生存的信心，坚信能够脱离险地。

主震过后，余震还会不断发生，你的环境可能会进一步恶化，要注意采取以下措施：

要尽量改善自己所处的环境。设法避开身体上方不结实的倒塌物、悬挂物或其他危险物；搬开身边可以搬动的碎砖瓦等杂物，扩大活动空间。注意，搬不动时千万不要勉强，防止周围杂物进一步倒塌；设法用砖石、木棍等支撑残垣断壁，以防余震来临时再被埋压。

要设法与外界取得联系。注意保持体力，不要乱叫，待听到外面有人声再用敲击声或哨声求救。

（二）地震互救

师：地震后如果平安脱离了险境，要立即投入救助其他被埋压人员的行动中。

1. 掌握地震救人原则

师：地震互救要掌握以下四个原则：

（1）先救近，后救远。

（2）先救易，后救难。

（3）先救青壮年和医务人员。

（4）先救“生”，后救“人”。（例：唐山地震中一位农村妇女，每救一个人，只把其头部露出，避免窒息，接着再去救另一个人，在很短时间内使几十人获救。）

2. 掌握地震救援方法

师：在救人时，我们要坚持科学、有效的方法，不要盲目蛮干，这样只会适得其反。

（1）注意听，找被困人员的呼喊、呻吟和敲击器物的声音。

（2）根据房屋结构，先确定被困人员位置，再进行抢救，以防止意外死亡。

（3）不可用利器刨挖，以免伤人。

（4）对于埋在废墟中的幸存者，首先应输送食物和饮料，注意保护好幸存者的眼睛。

（5）采用正确的搬运方法。

四、识别地震谣言（3 分钟）

师：《中华人民共和国防震减灾法》规定，地震预报由省级以上人民政府发布，任何单位和个人都无权发布地震预报信息。地震谣言具有以下特征：

（1）“预报”的地震震级很精确；

（2）发震时间、地点很具体；

（3）带有封建迷信色彩的言论或离奇古怪传说；

（4）国外专家“预报”国内地震。

师：针对以上这些地震谣言，我们听到后，要做到：不相信、不传播，及时向当地政府和地震部门报告。

五、课堂总结（2 分钟）

师：同学们，虽然地震或空袭可能对我们造成严重灾害，但是，如果我们掌握一定的避险知识，采取科学的防御和避险措施，就一定能有效地减轻灾害风险。请同学们回家后组织“1 分钟家庭防震演练”，巩固今天所学内容。

课堂练习

一、选择题

1. 在楼房遇到地震时应该（　　）。

A. 跳楼

B. 躲在窗下

C. 用枕头或软垫护住头部，就近躲在床、桌下或厨房、卫生间、储藏室等小开间内

D. 乘电梯下楼

正确答案：C

2. 当你正在学校的一楼教室里上课时发生了地震，此时最不应该采取的措施是（　　）。

A. 立即躲到课桌下，用书或者书包保护头部

B. 不管三七二十一，立即朝教室门口冲去，尽快离开教室

C. 立即和同学们一起有序地撤离教室

正确答案：B

3. 在施救过程中，当发现压埋人员时，应首先采取下列哪项？（　　）

A. 首先询问他身上哪里受伤了

B. 立即用力把他从废墟中拉出来

C. 首先清除压埋人头部周围的压埋物，使其呼吸通畅

D. 立即去找人帮忙

正确答案：C

4. 下列哪些属于家庭防震准备？（　　）

A. 制定家庭防震计划

B. 合理放置家具、物品

C. 准备好必要的防震物品

D. 准备一个家庭防震包，放在便于取到处

正确答案：ABCD

5. 假如地震时你正在野外郊游，以下措施正确的有（　　）。

A. 迅速离开山边、水边等危险环境

B. 选择开阔、稳定的地方就地避震

C. 如果附近有化工厂等，前往躲避

D. 独自在野外停留

正确答案：AB

6. 下列遇到地震次生灾害时采取的措施，正确的有（　　）。

A. 遇到火灾时，趴在地上，用湿毛巾捂住口、鼻

B. 地震停止后向安全地方转移，必要时要匍匐前行

C. 不等地震停止就开始转移

D. 毒气泄漏时使用明火

正确答案：AB

知识拓展

避震歌

强烈地震发生了，就近避震为最好。
坚固家具好躲藏，枕头软垫护头脑。
家里厨房卫生间，承重墙多开间小。
抓紧时间躲进去，待到震后再外跑。
中小地震常发生，房间一般不会倒。
遇震头脑要清醒，千万不能把楼跳。
即使发生大地震，前后最多有几秒。
盲目跳楼伤害大，身心受损多苦恼。

大震过后余震间，快速撤离要记牢。
室内明火快熄灭，煤气电源都关掉。
次生灾害要切断，震灾损失降最小。

公共场所遇地震，千万不要蜂涌跑。
当心房顶悬挂物，跌落下来伤头脑。
就地躲避要镇静，震后有序抓紧跑。

如果室外遇地震，皮包软物护头脑。
高大建筑要远离，千万别走窄巷道。

要是野外遇地震，河岸坍塌要当心。
桥梁水坝要躲开，山崩滑坡赶紧逃。
滚石方向最危险，跑向两侧可安保。

次生灾害突来临，应急防灾要当紧。
火灾顺风危害大，毒气泄露更伤人。
湿水毛巾捂口鼻，绕到上风保自身。

（本篇作者　唐　凤）

疏散行动

防空防灾应急疏散

教学分析： 防空防灾应急疏散是在遇到紧急情况时，运用正确的方法，安全、有序、快速进行安全疏散的行为，对保护人民群众生命财产安全具有重要意义。

教学目标： 1. 了解当前国际、国内安全形势，提高学生忧患意识、国防意识、国家意识，培养学生民族精神、爱国情怀。

2. 了解防空防灾基本知识，掌握防空防灾应急疏散基本技能。

教学重难点： 安全疏散知识与技能，紧急疏散的组织。

教学方法： 讲授法、练习法。

教学准备： 课件、电脑、多媒体。

教学时长： 1 课时（45 分钟）

教学过程

一、新课导入（3 分钟）

师：同学们，今天我们来学习防空防灾应急疏散。首先我们来观看一段视频，请同学们认真观看并回答问题。

（播放课件《重庆大隧道惨案》，出示问题）

1. 重庆大隧道惨案发生的时间？

2. 重庆大隧道惨案给你的启示？

生：……

重庆大轰炸惨案遗址

师：（引导总结）同学们，“国无防不立，民无兵不安”，中华民族的近代史告诉我们，如果一个国家的国防力量薄弱，就无法捍卫国家主权，人民就会陷入水深火热之中。和平与发展是时代的主题，但是霸权主义和强权政治依然存在，自然灾害不时发生，中国的发展时刻面临种种威胁。我们必须从历史和灾难中吸取教训，居安思危，增强忧患意识，掌握人防知识和技能。

二、空袭（2 分钟）

师：同学们，“重庆大隧道惨案”的直接引发因素是日本的空袭。空袭是从空中或外层空间的飞行器向对方目标进行的袭击，从作战方式上可分为战术空袭、战略空袭和定点精确空袭。

从 1938 年 2 月 18 日至 1943 年 8 月 23 日，日军对重庆进行了长达 5 年半的大轰炸。据不完全统计，在 5 年间，日军对重庆出动 9000 多架次的飞机，轰炸 218 次，投弹 11500 枚以上，死难者达 10000 人以上，超过 17600 幢房屋被毁，市区大部份繁华地区被破坏。重庆大轰炸给中国人民带来深重灾难，我们要铭记历史，不忘国耻。

师：空袭造成严重的后果，对于空袭，我们能采取什么措施呢？防空警报起着至关重要的作用。

三、防空警报（10 分钟）

师：防空警报是城市防空工程的重要组成部分，平时用于灾情预报和紧急报知，战时用于人民防空。人防警报按发放的时机分为预先警报、空袭警报、解除警报三种。

人防警报设施

（一）预先警报

师：预先警报是预先告知人们即将空袭，需做好防空袭的准备。规定音响信号为鸣 36 秒，停 24 秒，反复 3 遍为一个周期，时间为 3 分钟。

师：（播放、试听预先警报）

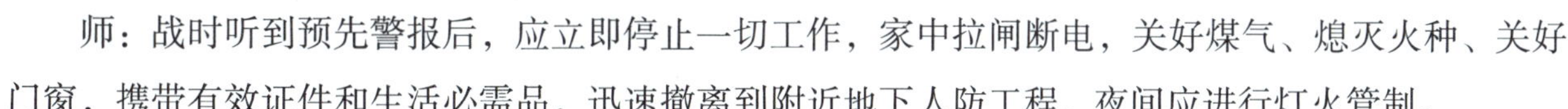

师：战时听到预先警报后，应立即停止一切工作，家中拉闸断电，关好煤气、熄灭火种、关好门窗，携带有效证件和生活必需品，迅速撤离到附近地下人防工程，夜间应进行灯火管制。

（二）空袭警报

空袭警报表明敌空袭兵器已临近，空袭即将或已经开始，警告居民迅速掩（隐）蔽。规定音响信号为鸣 6 秒，停 6 秒，反复 15 遍为一个周期，时间为 3 分钟。

师：（播放、试听空袭警报）

师：战时听到空袭警报，应就近进入人防工程掩蔽。如情况紧急无法进入人防工程时，要利用地形地物就近隐蔽。

（三）解除警报

师：表明该阶段空袭已经结束，空袭警报解除。规定音响信号为连续长鸣 3 分钟。

师：（播放、试听解除警报）

师：战时听到解除警报后，应携带好自己的物品，有组织地撤出危险区域，进入安全地带。

教师随机播放一种防空警报，请同学们辨识信号类别及其响应，并抢答。

四、人防工程和应急避难场所（10 分钟）

（一）人防工程

师：人防工程是用于保障战时人员与物资掩蔽、防空指挥、医疗救护等而单独修建的地下防护建筑。

师：结合《重庆大隧道惨案》视频，请同学们思考并回答使用人防工程应注意的问题。

某中学的地下防空洞

生：……

师：（引导总结）

1. 在人防工程内严禁使用明火，禁吸烟，少饮水，不随地大小便，饮食残余物、垃圾要集中密闭存放。

2. 在人防工程内要安静坐、卧，少活动，不打闹，保持体力，减少工程内氧气消耗。不要乱动工程内的各种设备。

3. 空袭警报解除前，掩蔽人员不得开门离开工程；解除空袭警报后，应有序离开，避免混乱和拥挤。

师：请同学们讨论并回答，济南市有哪些人防工程？

生：……

师：（引导总结）目前济南市马鞍山路和经四路人防都是应对战时空袭避难的人防工程。此外，一些新建小区的地下停车场、大型医院、办公楼的地下空间都可用作人防掩蔽。

（二）应急避难场所

师：应急避难场所是为了人们能在灾害发生后一段时期内，躲避由灾害带来的直接或间接伤害，并能保障基本生活而事先划分的带有一定功能设施的场地。

师：同学们知道济南市的应急避难场所有哪些吗？

生：……

师：（引导回答）目前济南市泉城公园、泉城广场等都可用作应急避难场所。此外，像奥体中心、体育中心以及学校操场和一些面积较大的广场，都可作为应急避难所。

济南泉城公园应急避难场所

防空防灾应急疏散

五、城市疏散（5 分钟）

师：城市疏散是战争空袭或灾害即将来临时，组织人口、战略物资、重要设备和特定生产单元的保护措施。按疏散时机可分为早期疏散、临战疏散和紧急疏散。

师：学校日常组织的防空防灾疏散演练就属于紧急疏散，对同学们掌握疏散知识，提高疏散技能具有重要作用。

师：在汶川地震中，由于来不及疏散，许多师生不幸遇难。

师：（播放课件《汶川地震中小学伤亡情况不完全报告》）

师：（对比讲述）在汶川地震中有一所学校叫桑枣中学。

师：5 月 12 日下午，桑枣中学 2200 名学生和上百名老师，在地震发生后 1 分 36 秒的时间里，全部安全转移到了学校开阔的操场上，无一人伤亡。

师：（引述）桑枣中学经历大地震零伤亡的事件告诉我们，掌握紧急疏散技能，可以有效降低灾害影响，保障生命安全。

师：（总述）在紧急疏散时，首先我们要知道应急避难场所的位置，在疏散过程中一定要沿着既定的疏散路线进行撤离，在撤离过程中严禁推搡拥挤，严防跌倒踩踏，要顺着人流行进，切不可逆人流行进或横穿人流；要遵循安全、快速的原则，有序撤离，如果遇到脚下有障碍，要大声提醒。

六、防空防灾应急疏散演练（15 分钟）

师：同学们，我们珍惜生命，我们祈愿平安，我们珍爱和平，但是灾难有时会不期而遇，当灾难来临时，我们应该运用掌握的疏散知识和技能，安全疏散，脱离险境。下面，我们进行应急疏散演练。

（一）明确疏散分组

师：本次疏散共分为四个疏散小组，一组组长×××，组员：12 名同学（姓名），二组组长×××，组员：12 名同学（姓名），三组组长×××，组员：12 名同学（姓名），四组组长×××，组员：12 名同学（姓名）。

（二）明确疏散顺序、疏散路线、集结地点

师：按第一、第二、第三、第四小组的顺序依次疏散，第一、第三小组经教室前门出，沿东楼梯出教学楼后直达人防工事，第二、第四小组经教室后门出，沿中楼梯出教学楼后直达人防工事。

（三）明确疏散步骤

1. 打开教室门，做好疏散准备。
2. 教师下达疏散开始命令并播放防空袭预先警报。
3. 全体同学以编组为单位，按照既定的疏散顺序和疏散路线，依次开始疏散撤离。
4. 到达人防工事后，小组长整队、清点人数，向教师报告人数，教师进行疏散总结。

（四）明确疏散要求

师：撤离时要应用掌握的疏散技能，做到安全、有序、快速。

（五）组织疏散

师：（播放防空袭预先警报）

生：按疏散方案快速撤离并在集合地点集结。

（六）总结讲评

师：（在集结地点）总结防空防灾应急疏散演练情况和本节课学生学习情况，布置课外练习，宣布下课。

课堂练习

一、简答题

1. 上网查阅“深挖洞、广积粮、不称霸”的历史背景。
2. 寻找身边的人防工程，记录出入口位置及内部主要设施。
3. 寻找身边的应急避难场所，记录主要应急设施分布位置。

知识拓展

如何预防踩踏事故

在拥挤行进的人群中，极易出现踩踏事故。预防踩踏事故，应做好以下几点：

1. 尽量避免到拥挤的人群中，或者尽量走在拥挤人流的边缘。
2. 举止文明，人多的时候不拥挤、不起哄、不制造恐慌气氛。
3. 发觉拥挤人群朝向自己时，应立即避开，不要慌乱，避免摔倒。
4. 人群拥挤时应顺着人流走，切不可逆着人流前进或横穿人流。
5. 假如身陷拥挤人流，一定要先站稳，避免身体倾斜失去重心。
6. 若被人群挤倒，应将身体蜷成球状，并双手十指在颈后紧扣。
7. 当发现拥挤人群中有人摔倒，应大声呼救，告知他人不要向前。

（本篇作者　孔凡国）

防空防灾知识技能

教学分析： 防空防灾技能是必备的生存技能。战争空袭、自然灾害以及平时突发事故等，都会造成灾难性危害。面对灾害和事故，如何防护、自救、互救，也是现代社会人们必须了解学习的常识。掌握基本的防护措施和方法，对提高人们防空防灾的防护能力，减少生命财产损失具有重要的意义。

教学目标： 1. 学习掌握防空防灾的基础知识和基本技能。

2. 增强国防观念，培养学生爱国主义精神，加强组织纪律性，提高身心素质。

教学重难点： 不同灾害的应急防护与救护常识，防空防灾技能运用。

教学方法： 理论讲解、课堂演示。

教学准备： 课件、电脑、投影仪。

教学时长： 1 课时（45 分钟）。

教学过程

一、新课导入（5 分钟）

师：同学们，学习掌握防空防灾知识技能是应对现代战争空袭伤害，防范各种灾害，保护生命安全所采取的积极措施。首先，我们先来观看一段视频，请大家仔细观看，并回答问题。（播放《海湾战争》纪录片）

师：海湾战争主要的打击手段是什么？战时怎样保护自身的生命安全？

生：……

师：现代战争大都以空袭开始，空袭的手段多、性能好、准确性高，作战行动更加富于突然性和快速性，破坏力和杀伤力巨大，往往给对方带来灾难性的后果。

我们的国家地域辽阔，自然环境复杂多样，灾害种类多、分布广、发生频率高、造成损失重。如我国1998年的特大洪水和2008年的汶川特大地震等，影响范围之广、破坏力之大，举世震惊。

师：同学们，战争和灾害给人们的生命财产带来了严重威胁，而科学防护，是减少伤亡和保护财产的重要措施。学习和了解人民防空防灾知识，掌握防空防灾疏散和防护技能十分重要。下面，我们就来学习防空防灾紧急疏散和有关自救互救技能，请同学们认真听讲。

二、防空防灾紧急疏散（10分钟）

（一）熟记防空防灾警报的鸣响特点

师：（播放防空警报）

师：防空警报是人民防空的重要组成部分，平时用于灾情预报和紧急报知，战时用于应对敌空中袭击。防空警报按发放的时机分为预先警报、空袭警报、解除警报三种（灾情警报是防灾警报）。

1. 预先警报：规定音响信号为鸣36秒，停24秒，反复3遍为一个周期，时间为3分钟。听到预先警报后，应立即停止一切工作，家中拉闸断电，关好煤气、熄灭火种、关好门窗，携带有效证件和生活必需品，迅速撤离到附近地下人防工程，夜间应进行灯火管制。

2. 空袭警报：规定音响信号为鸣6秒，停6秒，反复15次为一个周期，时间为3分钟。听到空袭警报，应就近进入人防工程掩蔽；如情况紧急无法进入时，要就近疏散掩（隐）蔽。

3. 解除警报：规定音响信号为连续长鸣3分钟。听到解除警报后，应携带好自己的物品，有组织地撤出掩（隐）蔽区域（场所），进入安全地带。

4. 灾情警报：灾情警报的规定各地有差异，山东省规定的灾情警报信号为：鸣15秒、停10秒，鸣5秒、停10秒，反复3遍为一个周期，时间2分钟。

（二）认识人防工程和应急避难场所

（播放《人民防空工程》视频）

师：结合视频，请同学们思考并回答问题。

1. 人防工程和避难场所主要建设在哪些地方？

2. 你所知道的人防工程和避难场所有哪些？

生：……

师：进入人防工程或避难场所，一定要听从指挥人员的指令，快速、有序地进入。在人防工程内严禁使用明火，禁止吸烟，少饮水，不随地大小便，

垃圾要集中密闭存放；要安静坐卧，保持体力，减少工程内氧气消耗，不得乱动工程内的设备；警报解除前，不得擅自开门离开，警报解除后，应有序离开。

师：同学们，从生命安全上来讲，疏散掩（隐）蔽是为了避免伤害。那么，一旦在疏散过程中遭受伤害，我们应该怎么办呢？接下来，我们学习自救与互救。

三、防灾知识与技能（15 分钟）

（一）地震逃生

1. 地震发生时，如人员在屋内，不要冲出房屋，应及时躲在小房间、墙角或坚固的家具下，头顶靠枕等，等待强震过去再及时撤离。

2. 地震发生时，如人员在室外，不要靠近楼房、高大建筑物、广告牌、电线杆、树木等容易倒塌的物体，尽快跑到空旷地带。

3. 在公共场所时，不要拥挤，避免踩踏，要冷静判断，快速撤离或躲避。

（二）火灾逃生

1. 不可蜂拥而出，尽量用浸湿的衣物披裹身体，捂住口鼻，贴近地面快速撤离。

2. 身上着火，不要奔跑，可就地打滚，或跳入就近的水池、水缸、小河等。

3. 身处楼上时，寻找逃生的路线一般向下不向上，进入楼梯间后，确定楼下未着火时再向下逃生。

4. 楼梯或门口被大火封堵，楼层不高时，可利用自制绳索，通过窗口、阳台、下水管等滑下逃生。

5. 楼层高，其他出路被封堵，应退到室内，关闭通往着火区的门、窗，有条件的用湿布料、毛巾等封堵着火区方向的门窗，并用水不断地浇湿，同时靠近没有火的一方的门窗呼救。晚上可用手电筒、白布摆动发出求救信号，绝不可乘坐电梯，也不可贸然跳楼。

（三）突发洪水应对

1. 不要惊慌，冷静观察，然后迅速向附近的高地、楼房转移。

2. 可抓住有浮力的物品，必要时爬上高树。

（四）泥石流应对

1. 马上向与泥石流成垂直方向的两侧山坡高处跑，在沟谷停留遭遇暴雨时，要迅速转移到安全的高地。

2. 留心周围环境，警惕远处传来的异常声响，这个声音可能是泥石流发出的，说明泥石流可能逼近。

（五）避免雷击灾害

1. 远离建筑物的避雷针及其接地引下线。
2. 远离各种天线、电线杆、高塔、烟囱、旗杆等。
3. 尽量离开山丘、水边、树下。
4. 外出时应穿不浸水的雨衣，不要用金属杆的雨伞。

四、应急生存技能（15 分钟）

应急生存技能是在遭受空袭或面临自然灾害和突发事故时的救命技能，此时，人们的应变能力越强，生存概率就越大。

（一）维持生命三要素

1. 获得可呼吸的空气。扩大空气来源，减少氧气消耗，切忌大声喊叫。当感到憋气时，可贴近缝隙吸气，以保证空气来源。

2. 节水找水。学会忍受干渴，少量多次。若没有，则利用身边物品收集废水、雨水等；实在无水时，尿液可以应急解渴。

3. 保护和寻找食品。尽量密封，控制食用量，延长时间。

（二）寻求救援

1. 判定自己的位置，不要盲目行动，在听到声音、看到光亮和冒烟的地方可能是与外界距离最近的地方。

2. 发出求救信号，扔出小物件，挥动手帕，敲击周围墙体等。

（三）自救与互救

1. 止血和包扎

动脉出血时，在出血的动脉血管近心端压住动脉血管；静脉出血，在出血的静脉血管远心端加压；毛细血管出血，在出血处加压包扎。包扎时动作轻巧，伤口全包，打结避伤口，包扎要牢靠。

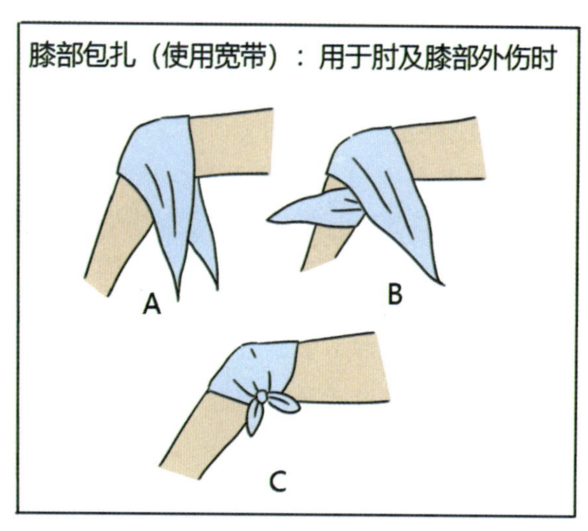

2. 骨折的临时固定

如果伤口出血，应先止血，然后包扎，再固定。固定骨折两端，夹板需扶托整个伤肢，把骨折断端的上下两个关节固定好。固定的绷带松紧要适度，要露出手指或脚趾，以便观察血流的情况。

3. 包扎固定材料

恶劣环境下，可用衣物撕成的布条、腰带、包带、藤条、自编草绳等，作为包扎、捆绑的绳索；用木块、棍棒、硬纸壳、筷子、树枝等等，作为夹板固定骨折部位；用床板、门板、桌椅、床单、窗帘、衣物、树枝等制作简易担架，搬运伤员。

师：同学们，战争和灾难固然可怕，但只要我们在平时注重人防知识的学习和防护技能的演练，就能在遇到灾害时最大限度地保护自己的生命安全。

课堂练习

一、简答题

1. 现代战争以什么攻击手段为主？
2. 空袭警报信号是怎样规定的？
3. 防空疏散从疏散时机上分哪几类；学校日常组织的防空防灾疏散演练属于哪类？
4. 简述火灾逃生的主要方法。

知识拓展

自制简易防毒面具

简易防毒面具是由滤毒罐与防毒面罩相配合而成。滤毒罐中装填的是滤毒和滤烟材料，制作步骤如下：

1. 选择过滤材料。常用的吸附毒剂蒸气的材料有石灰土颗粒，即把等量的生石灰与沙黏土混合均匀加水制成块状，阴干、破碎、筛选，取直径1毫米左右的颗粒作为滤毒填料，对沙林、芥子气防护效果好。常用的滤烟材料是锯木屑，筛选0.6—1.2毫米的锯末装填，压实后即对毒烟和放射性灰尘有较好的防护能力。一定厚度的棉垫和棉绒织物滤烟效果更好。制作面罩的隔绝材料应选用具有一定强度且柔软、不透气的材料，如塑料薄膜、橡胶布、人造革、桐油布等。

2. 制作简易滤毒罐。选用一个内径和高度均为8—10厘米的硬纸筒或罐头盒作为滤毒罐外壳，在罐底均匀凿满孔径3毫米左右的进气孔，用剪刀将罐口剪成与人员口鼻相适应的形状，以确保密合。在接近嘴下方的罐壁上，开一个直径为5毫米的呼吸气口，用来安装呼气活门，呼气活门可用弹性较好的橡胶片制成。在罐体内涂一层胶浆，然后按顺序装料，即成滤毒罐。一般装入7厘米厚的锯末压实至5厘米（若能混入2克纸粉更好），石灰土粒装至3厘米厚即可，注意装料过程要装填均匀，保证吸入气流均匀通过。在滤毒罐口一圈贴上密封柔性材料，再加上四条带固定，即成带滤毒罐的防毒口罩（或防毒筒）。

3. 制作简易防毒面具。将选好的面罩材料按尺寸裁成罩体。用松紧带做成T形头带（尺寸要经过试验确定），把它的三个末端分别缝合在罩体与太阳穴和前额中央接触的部位。缝合前可在缝合部位先贴上卫生胶布以保证缝合部位的牢固性。然后将面罩上领部位用医用胶布贴好，并箍在滤毒罐上（具体位置经试戴确定）。

（本篇作者　王俊新　郝冉德）

演练指南

学校结合防空警报试鸣
组织开展防空防灾应急疏散演练工作指南

结合防空警报试鸣，组织开展防空防灾应急疏散演练，是济南市结合“五三”防空警报试鸣，同步组织开展的一项综合性、实战性演练活动。组织防空防灾应急疏散演练，必须有切实可行的演练方案，有明确具体的任务分工，有精准规划的疏散路线，有对重要节点掌控的措施手段。保证达到各重要指挥、引导环节的无缝衔接，与此同时，还应根据演练需要，做好道具、器材和各类标志标识，以确保演练活动安全顺利。

一、任务来源和目的意义

为纪念“五三惨案”，根据济南市政府第150号令，每年5月3日为济南市的防空警报试鸣日。

为检验全市学校防空防灾应急疏散方案的可行性，切实增强在校师生的国防观念和人防意识，增强学校防空防灾应急疏散的组织能力，提高学生紧急疏散和自救互救技能，5月3日防空警报试鸣时，市人防办和市教育局联合组织指导全市学校同步开展防空防灾应急疏散演练。

如逢五一假期，学校可在五一假期前后自行组织开展防空防灾应急疏散演练。自行组织防空防灾应急疏散演练时，学校应主动联系辖区所在地的人防部门，接受演练指导；应提前3—5天向学校周边社区或单位发布安民告示，以免因防空警报信号引起周边群众恐慌。

二、演练名称及疏散种类

演练名称采用“XXXXX（学校全称）防空防灾应急疏散演练”。

根据防空袭斗争需要，人民防空疏散分为早期疏散、临战疏散和紧急疏散。通常情况下，学校结合“五三”防空警报试鸣，组织防空防灾应急疏散演练，按照紧急疏散的组织指挥流程开展。

三、演练内容及组织形式

重点演练空袭、自然灾害情况下的紧急疏散、进入疏散场所、掩蔽工程（可模拟搭建）、“三防”、自救互救技能和宣传教育等内容。

各学校根据驻地环境、参演人数、设施器材等情况，自行确定演练场地，设置模拟演练场效，采取符合学校实际情况的方法组训，制定详尽的方案计划，保证演练效果。可利用横幅、标语、广播、LED 大屏等营造演练气氛，强化教育实效。

四、结合防空警报试鸣，组织开展防空防灾应急疏散演练活动的主要特点

结合防空警报试鸣，组织在校师生开展防空防灾应急疏散演练活动，具有以下特点：

（一）在演练时间上具有统一性

改变了以往由学校自我确定演练时间和演练进程等主动模式。届时，全市学校将以济南市防空警报信号为号令，闻令而动，同步开展疏散演练。

（二）在演练对象上具有全员性

改变了以往分班级训练、小范围演练的模式。届时，争取全校师生均参加，参演人数达到最大化。

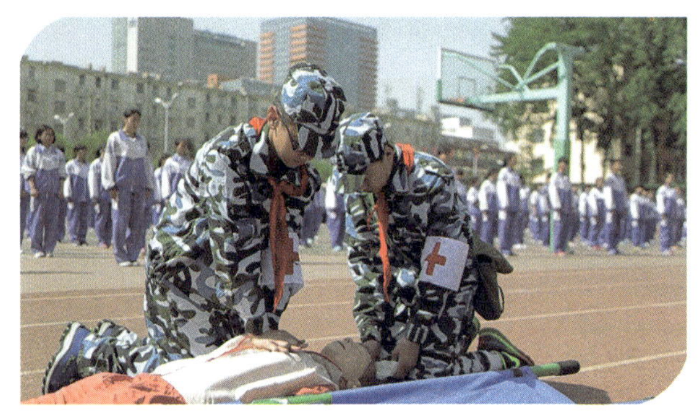

（三）在演练内容上具有综合性

结合防空防灾应急疏散演练，通常还配合组织以“五三惨案”为主题的爱国主义教育，以穿戴个人防护器材、核袭击下的个人防护动作、自救互救等为内容的技能比赛或训练演示活动。

（四）在演练形式上具有实战性

通过把防空防灾应急疏散演练与防空警报试鸣有机结合，营造战备氛围，强化战备意识，锻炼防空袭条件下组织快速疏散的战备技能，实现“练为战”的演练目的。

（五）在演练组织指挥上具有复杂艰巨性

结合防空警报试鸣，同步开展防空防灾应急疏散演练，涉及内容多、参与师生广、关联环节多，组织协同任务艰巨复杂，这都给演练带来了更高的标准和要求。

五、组织指挥体系设置

建立健全组织领导机构，是落实分级指挥的需要，更是保证演练活动安全顺利的首要前提。学校可结合领导机构的层级设置情况，分别设立如下演练角色：

（一）指挥长

通常由学校主要领导或分管领导担任，全面负责防空防灾应急疏散演练的统筹调度和协调落实，履行组织指挥和安全管理责任。

（二）副指挥长

通常由学校分管安全教育或相近工作

的校领导担任。在指挥长的直接领导下，具体负责防空防灾应急疏散演练的组织指挥、调度协调和安全措施落实等工作。

（三）教学区负责人

各教学区负责人负责本区师生的疏散指挥，听取本学区各年级行政负责人的汇报，并向指挥长或副指挥长报告。

（四）各年级负责人

负责本年级的疏散指挥；在指挥长下达疏散命令后，尽快到达所负责年级，协助维护秩序，特别关注楼梯口的秩序；在学生进入目的地后听取班主任对本班人数的汇报，并向本教学区负责人汇报本学区内各年级学生疏散情况。

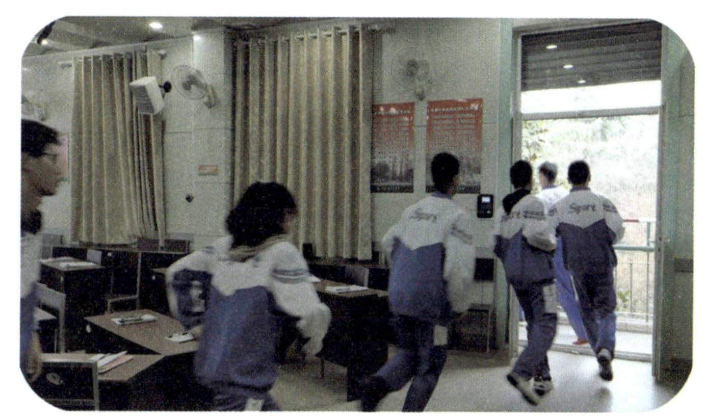

（五）各班班主任、副班主任

演习前，负责向本班学生讲清疏散顺序、疏散路线、集结地域和疏散要求；演习开始时第一时间到达所在班级；进入班级后组织本班学生向指定集结地域疏散。

来不及进入教室时，在班级教室就近位置接应本班学生，与上课教师完成交接后，带领学生快速疏散到指定集结地域。

（六）上课教师

在第一时间组织学生有序走出教室，快速编队，并向集结地域快速疏散。

（七）未上课教师和其他工勤人员

按照当日课程安排和工作任务情况，根据演练需要，科学调度未上课教师和其他工勤人员，快速到达关键枢纽点位，实施现场引导或根据所赋予的相关演练保障任务，迅速展开行动。

本节内容仅供参考。具体设置应根据学校实际予以研究确定。

六、科学规划疏散路线，合理确定疏散时间

教学楼与平房不同之处在于多层立体垂直、人行通道狭窄、梯状路面陡短、转角拐弯多、人员密度大等特点，给演练安全带来了一定影响，必须予以高度重视，并采取有效措施予以克服。

（一）疏散路线的规划

在组织疏散演练前，各学校应结合校舍布局和教学楼结构形式，按照“就近就便，快速有序”原则，制作疏散路线图。

（二）疏散时机的掌控

在疏散时机的掌控上，要把守要点枢纽，落实定点保护；分层设置导调，确保首尾衔接、一体联动。

（三）突出重要点位的管控，严防拥堵、冲撞等现象发生

组织疏散演练时，要特别关注教室门口、楼梯出入口和楼梯拐角、岔道等易发生拥堵的枢纽节点。每层楼梯出入口和转角处，要确定 1 名以上老师作为疏散引导员，负责对通道人流进行监控和疏导，维护疏散秩序。要果断制止学生逆向跑、横向跑、推撞、挤压等行为发生；发现有人倒地时，要立即扶起，防止发生踩踏事故。

（四）人员清点

师生疏散到集结地域后，按照先到先报的原则，采取由下至上、按照层级指挥的顺序，逐级上报人员疏散集结情况。通常情况下由体委向班主任报告，班主任向年级负责人报告，年级负责人向教学区负责人或副指挥长报告，副指挥长向指挥长报告。报告内容通常包括班级（年级）应到人数、实到人数和未到原因等。

七、落实分训合练，确保整体演练效果

学校组织防空防灾应急疏散演练前，应认真研究确定参加演练的人员和演练课题，按照先分训、后合练、再演练的方法组织进行。

（一）分训

在人员上，可以按年级编组，分别组织训练；在环节上，可以按撤离教室、通过楼梯、进入集

结地域等阶段分别训练；在疏散路线上，班主任及上课教师要带领学生熟悉疏散路线。如有多条通道时，可采取多路疏散的办法实施训练；在演练内容上，应提前确定各类指挥、引导人员的位置，按照由简入繁的施训方法组织训练。

（二）合练

在严格落实分训内容，熟悉掌握分训动作的前提下，组织合练。合练时，要坚持“由简到繁、由少到多”的原则，要重点把握疏散时机，严格疏散纪律，杜绝发生一切不安全行为。

（三）演练

在分训合练的前提下，按照全市统一鸣放的防空警报信号和学校防空防灾应急疏散演练方案预定的演练内容，快速组织师生进行疏散集结。到达集结地域后，按既定计划依次开展人防教育和个人防护动作、“三防”自救互救等技能演练。

八、其他配合保障任务

（一）宣传广播组

在总指挥的统一领导下，积极配合演练行动，适时进行广播导调，有针对性地开展人防教育；做好演练影像采集和新闻报道工作。演练结束后，要结合视频资料，认真总结，及时改进。

（二）救护小组

负责制订救护方案，具体负责演练疏散过程中对意外事故的应急救护等。

（三）警报小组

负责接收防空警报信号，及时向指挥长报告；按指挥长要求即时发出演练信号和演练期间各阶段演练导调信号。

九、防空警报信号的识别

防空警报信号按照预先警报、空袭警报、灾情警报和解除警报的顺序依次鸣响。

（一）预先警报

鸣 36 秒，停 24 秒，反复三遍为一个周期，时长 3 分钟。

（二）空袭警报

鸣 6 秒，停 6 秒，反复十五遍为一个周期，时长 3 分钟。

（三）灾情警报

鸣 15 秒，停 10 秒，鸣 5 秒，停 10 秒，反复三遍为一个周期，时长 2 分钟。

（四）解除警报

长鸣 3 分钟。

人民防空是国防的重要组成部分，是军事斗争准备的重要方面，是全民性的防护工作和利国利民的公益事业，对于保护国家和人民生命财产安全具有现实和长远的战略意义。

结合防空警报试鸣，组织学校开展防空防灾应急疏散演练，既是对学校开展人民防空知识教育落实质量的一次集中检阅，也是推动人民防空教育向更高水平迈进的重要举措。各学校要通过开展防空防灾应急疏散演练，有效锻炼师生的应急避险能力，充分发挥“小手拉大手”作用，让防空防灾应急疏散和“三防”“自救互救”等常识技能传入社会、传入家庭。

（本篇作者　杜卫东）